GEIRIADUR Y GYFRAITH

ATODLYFR CYNTAF

THE LEGAL DICTIONARY

FIRST SUPPLEMENT

ATODLYFR CYNTAF

GEIRIADUR Y GYFRAITH

[SAESNEG — CYMRAEG]

ROBYN LÉW I S

CYFREITHIWR YN Y GORUCHEL LYS[1]: NÓTARI CYHOEDDUS
CYN-DDIRPRWY-FARNWR CYLCHDAITH A CHOFIADUR CYNORTHWYOL
YN LLYS Y GORON

[1] Wedi ymddeol.

GWASG GOMER
1996

FIRST SUPPLEMENT TO

THE LEGAL DICTIONARY

[ENGLISH — WELSH]

ROBYN LÉWIS

SOLICITOR OF THE SUPREME COURT[1]: NOTARY PUBLIC
FORMERLY A DEPUTY CIRCUIT JUDGE AND ASSISTANT RECORDER
IN THE CROWN COURT

[1] Retired.

GWASG GOMER
1996

Argraffiad cyntaf 1996
First impression 1996

ISBN 1 85902 323 1

ⓗ Robyn Léwis ©

Cyhoeddwyd ac argraffwyd yng Nghymru gan
Wasg Gomer, Llandysul

Published and printed in Wales by
Gomer Press, Llandysul

GWEITHIAU ERAILL
GAN YR AWDUR

OTHER WORKS
BY THE AUTHOR

OD-ODIAETH [1967]

SECOND-CLASS CITIZEN [1969]

Y GYMRAEG A'R CYNGOR [1970]

TERMAU CYFRAITH/*LEGAL TERMS* [1972]

IAITH A SENEDD [1973]

TREFN LLYSOEDD YNADON A'R GYMRAEG/
*MAGISTRATES' COURTS' PROCEDURE
AND THE WELSH LANGUAGE* [1974]

ESGID YN GWASGU [1980][1]

GEFYNNAU TRADDODIAD [1983]

TAFOD MEWN BOCH? [1990]

GEIRIADUR Y GYFRAITH/
THE LEGAL DICTIONARY [1992]

BLAS AR IAITH CWMDERI [1993]

CYMREICTOD GWELADWY
(Trioleg hanner-hunangofiannol):
(*A semi-autobiographical trilogy*):

1. RHITH A FFAITH [1994]
2. TROI'N ALLTUD [1996]
3. DAMCANU A BALLU [1997]

---

[1]Dyfarnwyd y Fedal Ryddiaith i'r gyfrol hon yn Eisteddfod Genedlaethol Cymru, Dyffryn Lliw (Tregŵyr, ger Abertawe), yn 1980.

[1]*This book was awarded the Prose Medal at the National Eisteddfod of Wales, Lliw Valley (Gowerton, near Swansea), in 1980.*

CYNNWYS-CONTENTS

Tud.-*Page*

Gweithiau Eraill gan yr Awdur   5
Other Works by the Author   5

Cynnwys   7
Contents   7

Rhagair yr Awdur (yn Gymraeg)   8
Author's Foreword (in English)   9

Diolchiadau a Byrfoddau   10
Acknowledgements and Abbreviations   10

Y GEIRIADUR ATODOL (Saesneg-Cymraeg)   13
SUPPLEMENTARY DICTIONARY (English-Welsh)   13
    [yn cynnwys Offerynnau Statudol perthnasol, 1992-95]   49
    [*including relevant Statutory Instruments, 1992-95*]   49

Atodiad 1. Ymadroddion atodol   53
Appendix 1. *Supplementary phraseology*   53
    [gw. Rhestr yr Ymadroddion yn yr Atodiad/ *see List of Phraseology in the Appendix*]

Atodiad 2. Deddf yr Iaith Gymraeg 1993   74
Appendix 2. *Welsh Language Act 1993*   75

Atodiad 3. Canllawiau Bwrdd yr Iaith Gymraeg, 1995   118
Appendix 3. *Guidelines of the Welsh Language Board,* 1995   119

RHAGAIR YR AWDUR

O bryd i'w gilydd, y mae angen cyhoeddi Atodlyfr i bob gwaith cyfreithiol: hynny am fod y Gyfraith yn bythol newid—weithiau o ddydd i ddydd. Aeth mwy na thair blynedd heibio ers pan gyhoeddwyd *Geiriadur y Gyfraith/The Legal Dictionary* [a elwir yma "y Geiriadur"] yn 1992. Eithr nid oherwydd treigl amser yn unig y gwelwyd yn dda i ymgymryd â'r Atodlyfr hwn. Mae tri rheswm arall, ac un ohonynt o'r pwys mwyaf i ni fel Cymry.

Yn gyntaf ac yn gyffredinol, gellir barnu bod *Deddf Cyfiawnder Troseddol a Threfn Gyhoeddus 1994* wedi rhoi cryn ysgytiad i Gyfraith Trosedd. Ymhlith newidiadau eraill, ysgubodd ymaith yr Hawl i Aros yn Ddistaw—nid braint, eithr *hawl*—a berthynai ers canrifoedd lawer i'r rhai a ddrwgdybid o droseddu. Bellach, o dan amgylchiadau arbennig, gellir dehongli'r "distawrwydd" hwnnw fel addefiad o euogrwydd.

Yn ail, cafwyd *Deddf Cyfraith Eiddo (Darpariaethau Amrywiol) 1994* a *Rheolau Cofrestru Tir (Cyfamodau Teitl Ymhlyg) 1995*. Ysgubwyd ymaith y cyfamodau ymhlyg a fodolai ym maes Trawsgludo eiddo ers sbel dros ganrif (ac yn yr un ffurf er 1925). Crëwyd cyfamodau newydd, gwahanol eu ffurfiau a'u heffeithiau, yn eu lle.

Yn drydydd, ac o bwysigrwydd arbennig i Gymru ac i'r Cymry, cafwyd *Deddf yr Iaith Gymraeg 1993*. Yn ei sgîl hithau, sefydlwyd Bwrdd statudol yr Iaith Gymraeg. Nid swyddogaeth geiriadurwr cyfreithiol yw datgan unrhyw farn ynghylch y Ddeddf: ei unig ddyletswydd ef yw cyflwyno'r wybodaeth berthnasol amdani. Gan hynny, gwelwyd yn dda i atgynhyrchu'r Ddeddf yn ei chrynswth, yn Saesneg gwreiddiol ei hymddeddfiad, a hefyd yn y trosiad Cymraeg a gyhoeddwyd gan Wasg ei Mawrhydi. Yn dilyn y Ddeddf, fe ymddengys *Canllawiau* Bwrdd yr Iaith Gymraeg, a gymeradwywyd gan Ysgrifennydd Gwladol Cymru a'r Senedd yn 1995 heb eu newid. Nid rhagfarn yw datgan y dylai pawb, yn gefnogwyr a gwrthwynebwyr fel ei gilydd, ddarllen ac astudio'r Ddeddf a'r Canllawiau er mwyn medru deall eu hystyr a'u goblygiadau.

At hynny, manteisiwyd ar y cyfle hwn i gywiro rhai gwallau a welwyd yn y Geiriadur, yn ogystal ag i gynnwys termeg ychwanegol a oedd yn anfwriadol wedi ei hepgor. Hefyd, fel yn y Geiriadur ei hun, cynnwys yr Atodlyfr hwn nifer o eiriau anghyfreithiol [megis "diweddariad—*update*"]. Yn gam neu'n gymwys, barnwyd eu bod yn angenrheidiol a pherthnasol i weddill y cynnwys.

Serch hynny, calonogol a diddorol ydoedd nodi bod niferoedd o dermau ac ymadroddion, a restrwyd am y tro cyntaf yn y Geiriadur yn 1992, wedi ennill eu plwyf i'r graddau eu bod i'w clywed yn y Llysoedd ac ar y radio a'r teledu, ac yn ymddangos yn yr amryfal ddogfennau—swyddogol ac answyddogol—y deuir ar eu traws o ddydd i ddydd.

Dyma orffen y Rhagair yn y gobaith y bydd hyn o Atodlyfr Cyntaf—ys mynegwyd am y Geiriadur— "o ddefnydd yng ngwasanaeth Cyfraith a Chyfiawnder yng Nghymru".

Nefyn, Llŷn.   **ROBYN LÉWIS**

AUTHOR'S FOREWORD

From time to time, it becomes necessary to publish Supplements to legal works: for the Law is constantly changing—sometimes from day to day. Over three years have elapsed since *Geiriadur y Gyfraith/The Legal Dictionary* [here called "the Dictionary"] was published in 1992. But it is not due to the lapse of time alone that it was seen fit to undertake this Supplement. There are three other reasons, one of which is of the greatest importance to us as Welsh people.

Firstly and generally, it may be adjudged that the *Criminal Justice and Public Order Act 1994* has administered a severe jolt to the Criminal Law. Amongst other changes, it has abolished the Right to Remain Silent—not a privilege, but a *right*—enjoyed by suspects over many centuries. Henceforth, in certain circumstances, that "silence" may be construed as an admission of guilt.

Secondly, we have had the *Law of Property (Miscellaneous Provisions) Act 1994* and the *Land Registration (Implied Covenants for Title) Rules 1995*. The implied covenants which had existed in the field of property Conveyancing for well over a century (and in the same form since 1925) were swept away. New covenants, different in both form and effect, were created in their place.

Thirdly, and of the greatest importance to Wales and the Welsh, there was the *Welsh Language Act 1993*. In its wake the statutory Welsh Language Board came into being. It is not the function of a legal lexicographer to express any opinion upon the Act: his sole duty is to present the relevant information. It was therefore seen fit to reproduce the Act in its entirety, both in the original English of its enactment, and also in the Welsh translation published by H.M. Stationery Office. Following the Act are to be seen the Welsh Language Board's *Guidelines*, approved by the Secretary of State for Wales and by Parliament in 1995, without amendment. It is not prejudicial to declare that everyone, supporters and opponents alike, ought to read both the Act and the Guidelines, in order to understand their meaning and implications.

Moreover, the opportunity has been taken to correct certain errors which appeared in the Dictionary, as well as to include additional terminology which had inadvertently been omitted. Also, as in the Dictionary itself, this Supplement contains a number of non-legal words [such as "update—*diweddariad*"]. Rightly or wrongly, it was deemed that they were necessary and relevant to the remainder of the contents.

Nevertheless, it has been heartening and of interest to note that numerous terms and expressions, first listed in the Dictionary in 1992, have gained recognition to the extent that they are to be heard in the Courts and on radio and television, and that they appear in the various documents—official and unofficial alike—which are encountered from day to day.

In conclusion, it is hoped that this First Supplement—as was stated of the Dictionary—"will be of use in the service of Law and Justice in Wales".

Nefyn, Llŷn.   **ROBYN LÉWIS**

DIOLCHIADAU
ACKNOWLEDGEMENTS

Dymuna'r Awdur gofnodi ei ddiolch cynhesaf i'r rhai a ganlyn—a enwir yma yn nhrefn y wyddor—am eu cymorth gwerthfawr a pharod. Hefyd, lle bo'n addas, am ganiatâd i ddefnyddio deunydd y perthyn iddynt yr hawlfraint arno.

The Author wishes to record his warmest thanks to the following—named here in alphabetical order—for their invaluable and willing assistance. Also, where appropriate, for permission to use material in which they own the copyright.

CLEDWYN O BENRHOS (*CLEDWYN OF PENRHOS*), CH, PC, LLD, Y Gwir Anrh Arglwydd (*The Rt Hon Lord*), Cyfreithiwr/*Solicitor*;

ELIS-GRUFFYDD, Dr DYFED Gwasg Gomer (*Gomer Press*);

GWASG EI MAWRHYDI (*HM Stationery Office*);

HEDDLU GOGLEDD CYMRU (*NORTH WALES POLICE*);

HUGHES, Mr J. ELWYN, MA, Cyfarwyddwr, y Ganolfan Astudiaethau Iaith (*Director, Language Studies Centre*);

HUME, Miss ELIZABETH, LLB, Bargyfreithiwr, Grŵp Cyfreithiol y Swyddfa Gymreig (*Barrister, Welsh Office Legal Group*);

JONES, Mr JOHN GRANT, LLB, Cyfreithiwr, Prif Weithredwr Ynadon Gogledd Cymru (*Solicitor, Justices' Chief Executive for North Wales*);

PRYS-DAVIES O LANEGRYN (*PRYS-DAVIES OF LLANEGRYN*), LLM, LLD, Yr Arglwydd (*Lord*), Cyfreithiwr/*Solicitor*;

TAYLOR-SHAW, Mr GARETH, FRICS, Syrfëwr Siartredig (*Chartered Surveyor*);

WILIAM, Dr ALED RHYS a/*and* Mrs ANN RHYS.

BYRFODDAU
ABBREVIATIONS

GAG Geiriadur Saesneg-Cymraeg yr Academi Gymreig [gol. Bruce Griffiths, 1995]
The Welsh Academy English-Welsh Dictionary [*ed. Bruce Griffiths, 1995*]

GPC Geiriadur Prifysgol Cymru (1950-   )
The University of Wales Dictionary [*of the Welsh Language*] (*1950-   *)

Y GEIRIADUR ATODOL

[yn cynnwys Offerynnau Statudol perthnasol, 1992-95]

SUPPLEMENTARY DICTIONARY

[including relevant Statutory Instruments, 1992-95]

Y GEIRIADUR ATODOL

SUPPLEMENTARY DICTIONARY

A

abandonment of claim[1]	— ildio hawliad, rhoi'r gorau i h.[1]
but: waiver	— hepgoriad, hepgor
accede	— cytuno
accede to a request	— cytuno â chais
Access to Health Records Act 1990	— Deddf Mynediad at Gofnodion Meddygol 1990
[A.] **account of, on**	— oherwydd
[B.] **account, take into**	— ystyried, rhoi ystyriaeth i . . .
accuracy	— cywirdeb
acquiring authority	— awdurdod caffael
action area	— ardal weithredu (ardaloedd gweithredu)
Activity Centres (Young Persons' Safety) Act 1995	— Deddf Canolfannau Gweithgaredd (Diogelwch Ieuaint) 1995
adjudge bankrupt, to	— dyfarnu'n fethdalwr
adminstrative action	— camau gweinyddol
advice worker	— swyddog(ion) cynghori
Age of Legal Capacity (Scotland) Act 1991	— Deddf Oed Cymhwystra Cyfreithiol (Yr Alban) 1991
agency	— asiantaeth(au)
executive agencies	— asiantaethau gweithredol
agent	— asiant(au)
London Agents	— asiantau Llundain
Republic of Ireland agents	— asiantau Gweriniaeth Iwerddon
Scottish agents	— asiantau'r Alban

---

[1]A gw. y Geiriadur, t. 49. / *And see the Dictionary, p. 49.*

agent provocateur	— cudd-gynhyrfwr (cudd-gynhyrfwyr), *agent(s) provocateur(s)*
aggravate [make worse]	— gwaethygu
aggravated	— gwaethedig, gwaethygedig
aggravated assault	— ymosod gwaethedig
aggravated burglary	— bwrgleraeth waethedig
aggravated trespass	— tresmasiad gwaethedig
Agricultural Tenancies Act 1995	— Deddf Tenantiaethau Amaethyddol 1995
albeit	— er, er hynny
All-Wales Police Forces	— Heddluoedd Cymru Gyfan
allocate	— dyrannu
allocation	— dyraniad(au)
allocation of cases	— dyraniad achosion
"the case was allocated to Judge X"	— "dyrannwyd yr achod i'r Barnwr X"
alternative	— amgen
alternative investment market	— marchnad fuddsoddi amgen
"ambulance-chasing"	— "hel damweiniau"
"ambush" defence[1]	— amddiffyniad "cynllwyniol"[1]
amended[2] **application**	— cais newidiedig[2]
Antarctic Act 1994	— Deddf Cefnfor y De 1994
antecedent period	— cyfnod(au) blaenorol
anti-terrorism legislation	— deddfwriaeth gwrthderfysgaeth
application	— cais (ceisiau, ceisiadau)
application for an oral hearing	— cais am wrandawiad llafar
application for dismissal in writing	— cais mewn ysgrifen i wrthod achos
appointed	— penodedig
appointed day/date	— diwrnod/dyddiad penodedig
appointed person	— rhywun penodedig
appropriate adult	— oedolyn (oedolion) priodol
arbitrary	— mympwyol
arbitrary decision	— penderfyniad mympwyol

---

[1] Dyma'r ymadrodd a ddefnyddir gan gyfieithwyr Heddlu Gogledd Cymru yn *"Eich Heddlu"* [1995].
[1] *This is the expression used by the North Wales Police translators of* "Your Police" [1995].

[2] Gw. y Geiriadur: troednod ar d. 61. / *See the Dictionary: footnote on p. 61.*

arbitrate	—	cymrodeddu, cyflafareddu
and: mediate	—	cyfryngu
commercial arbitration	—	cyflafareddu masnachol
arbitrator	—	cymrodeddwr (cymrodeddwyr),
		cyflafareddwr (cyflafareddwyr)
and: mediator	—	cyfryngwr
Arms Control and Disarmament (Inspections) Act 1991	—	Deddf Rheoli Arfau a Diarfogi (Archwiliadau) 1991
asset	—	ased(au)
assets abroad	—	asedau dramor
assets out of the jurisdiction	—	asedau y tu hwnt i'r awdurdodaeth
foreign assets	—	asedau tramor
assumption	—	tybiaeth(au)
and: presumption	—	rhagdybiaeth
A. assurance	—	aswiriant
life assurance[1]	—	aswiriant einioes[1]
B. assurance [e.g. conveyance][2]	—	sicrhad(au) [e.e. trawsgludiad][2]
Asylum and Immigration Appeals Act 1993	—	Deddf Apelau Nodded a Mewnfudo 1993
Atomic Energy Authority (Special Constables) Act 1976	—	Deddf Ynni Atomig (Cwnstabliaid Rhan-amser) 1976
Attachment of Earnings Order	—	Gorchymyn Atafael Enillion
audit *n*	—	archwiliad(au)
audit *v*	—	archwilio
audited	—	archwiliedig
audited accounts	—	cyfrifon archwiliedig
"audited and found corrrect"	—	"archwiliwyd a chafwyd yn gywir"
authorised	—	awdurdodedig
authorised officer	—	swyddog awdurdodedig
authorised place of entry	—	man mynediad awdurdodedig

---

[1] A gw. y Geiriadur, t. 210. / *And see the Dictionary, p. 210.*

[2] Gelwid tystiolaethau cyfreithiol dogfennol o drosglwyddiadau eiddo: *"sicrhadau cyffredin y deyrnas"*. Hefyd gelwid, a gelwir, hwy: *"trawsgludiadau"*. Delir i ddefnyddio'r gair *"sicrhad"* yn yr ystyr yma [gw. *Deddf Cyfraith Eiddo (Darpariaethau Amrywiol) 1994*].

[2] *Documentary legal evidences of transfers of property were called:* "the common assurances of the kingdom". *They were, and are, also called:* "conveyances". *The word* "assurance", *in this sense, is still used* [*see* Law of Property (Miscellaneous Provisions) Act 1994].

B

balance accounts, to	—	mantoli cyfrifon
to balance *the* accounts	—	mantoli'r cyfrifon
"before me"	—	"ger fy mron [i]"
but: "in my presence"	—	"yn fy ngŵydd [i]"
benefit recoupment	—	ad-daliad budd-dâl/budd-dal
Building Societies (Joint Account Holders) Act 1995	—	Deddf Cymdeithasau Adeiladu (Perchnogion Cyd-Gyfrifon) 1995
block contract	—	contract(au) bloc
competitive block contracts	—	contractau bloc cystadleuol
Legal Aid block contracts	—	contractau bloc Cymorth Cyfraith
Boundary Commissions Act 1992	—	Deddf Comisiynau'r Ffiniau 1992
break clause [in a tenancy]	—	cymal(au) terfynu [mewn tenantiaeth]
landlord's break clause	—	cymal terfynu i'r lan(d)lord
tenant's break clause	—	cymal terfynu i'r tenant
British Coal and British Rail (Transfer Proposals) Act 1993	—	Deddf (Cynigion Trosglwyddo) Glo Prydain a Rheilffyrdd Prydain 1993
British Railways Board (Finance) Act 1991	—	Deddf (Cyllid) Bwrdd Rheilffyrdd Prydain 1991
British Technology Group Act 1991	—	Deddf Grŵp Technoleg Prydain 1991
buffer state	—	clustogwlad (clustogwledydd)

C

calculate	—	cyfrifo
calculate as above, to	—	cyfrifo yn ôl yr uchod
"calculated as above"	—	"cyfrifwyd yn ôl yr uchod"
Caldey [*sic*] **Island Act 1990**	—	Deddf Ynys Bŷr 1990
capacity [mental or legal power]	—	cymhwystra (cymhwystrau) [gallu meddyliol neu gyfreithiol]
but: qualification	—	cymhwyster (cymhwysterau)
according to their capacities	—	yn unol â'u cymhwystrau
restricted capacity	—	cymhwystra cywasgedig
limited capacity	—	cymhwystra cyfyngedig
persons of limited capacity	—	rhai a chanddynt gymhwystrau cyfyngedig

16

Capital Allowances Act 1990	—	Deddf Lwfansau Cyfalaf 1990
Cardiff Bay Barrage Act 1993[1]	—	Deddf Bared Bae Caerdydd 1993[1]
Carers (Recognition and Services) Act 1995	—	Deddf Gofalwyr (Cydnabyddiaeth a Gwasanaethau) 1995
Carrying of Knives etc. (Scotland) Act 1993	—	Deddf Cario Cyllyll etc. (Yr Alban) 1993
caseload	—	swm [yr] achosion
case overload	—	gorlwyth achosion
conveyancing caseload	—	swm achosion trawsgludo
criminal caseload	—	swm achosion troseddol
expanding caseload	—	swm achosion cynyddol
to expand a [the] caseload	—	cynyddu swm [yr] achosion
varied caseload	—	swm achosion amrywiol
casual car user categorisation	—	categorïaeth defnyddiwr car yn achlysurol
catering premises	—	anheddau arlwyaeth, adeilad a.
caution [*new*] (Criminal Justice and Public Order Act 1994)[2]	—	rhybudd [*newydd*] (Deddf Cyfiawnder Troseddol a Threfn Gyhoeddus 1994)[2]
to read someone his rights[3]	—	darllen ei hawliau i rywun[3]
Census (Confidentiality) Act 1991	—	Deddf (Cydgyfrinachedd) y Cyfrifiad 1991
Certificate of Cancellation of Satisfaction [of a County Court judgment]	—	Tystysgrif Ddileu neu Fodloni [dyfarniad yn y Llys Sirol]
Certificate of Compliance	—	Tystysgrif Cydymffurfiaeth
Charities Act 1993	—	Deddf Elusennau 1993
Charter for Court Users, 1995 ["The Courts Charter"]	—	Siarter i Ddefnyddwyr y Llysoedd, 1995 ["Siarter y Llysoedd"]

---

[1] A gw. y Geiriadur, t.338. / *And see the Dictionary, p. 338.*

[2] Mae ffurfiau'r *Rhybuddion* newydd, a ddaeth i rym ar 10 Ebrill 1995, i'w gweld yn Atodiad 1 [isod].
[2] *The forms of the new* Cautions, *which came into effect on 10 April 1995, are to be seen in Appendix 1* [below].

[3] Yn ddiweddar, mae'r ymadrodd hwn i'w weld a'i glywed fwyfwy mewn llyfrau, dramâu a ffilmiau, hyd yn oed lle bo'r mater sy dan sylw wedi ei leoli yng ngwledydd Prydain. Yma, nis defnyddir fyth. Ymadrodd a fenthycwyd—yn anghywir—o'r Unol Daleithiau ydyw.
[3] *Recently, this expression is increasingly seen and heard in books, plays and films, even where the action takes part in the countries of Britain. It is never used here. It is an expression borrowed—wrongly—from the United States.*

check *n* [of accuracy, etc]	—	gwiriad [cywirdeb, etc]
check *v*	—	gwirio, gwirhau
checked	—	gwirhäwyd
"checked by X"	—	"gwirhäwyd gan X"
Child Care Panel	—	Panel Gofal Plant
Child Minding and Day Care (Application for Registration) Regulations 1991	—	Rheoliadau Gwarchod a Gofal Dydd Plant (Cais am Gofrestru) 1991
Child Support Act 1995	—	Deddf Cynhaliaeth Plant 1995
Child Support Agency	—	Yr Asiantaeth Cynnal Plant
child witness	—	plentyn sy'n dyst (plant sy'n dystion)
Child Witness Officer	—	Swyddog y Plant sy'n Dystion
Children (Scotland) Act 1995	—	Deddf Plant (Yr Alban) 1995
Children and Young Persons (Protection from Tobacco) Act 1991	—	Deddf Plant a Ieuaint (Gwarchod rhag Tybaco) 1991
Chiropractors Act 1994	—	Deddf Ceiropractyddion 1994
Civil Evidence (Family Mediation) (Scotland) Act 1995	—	Deddf Tystiolaeth Sifil (Cyfryngiad Teuluol) (Yr Alban) 1995
clause	—	cymal(au)
objects clause [in a constitution]	—	cymal amcan [mewn cyfansoddiad]
purpose clause [in an Act]	—	cymal pwrpas [mewn Deddf]
Clean Air Act 1993	—	Deddf Awyr Lân 1993
"clearer articulation"	—	"ynganiad cliriach"
co-habit, cohabit	—	cyd-fyw
co-habit as a married couple	—	cyd-fyw fel pâr priod
Coal Mining Subsidence Act 1991	—	Deddf Ymsuddiant Mwynfeydd Glo 1991
cohabitation agreement	—	cytundeb(au) cyd-fyw
commercial operation	—	gweithrediad(au) masnachol
Commission for Racial Equality	—	Y Comisiwn Cyfartaledd Hiliol
Commissioners for Oaths (Prescribed Bodies) Regulations 1995	—	Rheoliadau Comisiynwyr Llwon (Cyrff Penodedig) 1995

Commonwealth Development Corporation Act 1995	—	Deddf Corfforaeth Ddatblygu'r Gymanwlad 1995
communication	—	cyfathrebiad(au), cyfathrebu
malicious communication	—	cyfathrebu maleisus
communication skills	—	sgiliau cyfathrebu
Community Care (Residential Accommodation) Act 1992	—	Deddf Gofal y Gymuned (Cartrefi Preswyl) 1992
but: care in the community	—	gofal yn y gymuned
Community Charges (General Reduction) Act 1991	—	Deddf Taliadau Cymuned (Gostyngiad Cyffredinol) 1991
comparator	—	cyfatebwr (cyfatebwyr)
"female workers and their male comparators"	—	"gweithwyr benywaidd a'u cyfatebwyr gwrywaidd"
competitive tendering	—	tendro cystadleuol
compulsory competitive tendering	—	tendro cystadleuol gorfodol
complaint	—	cŵyn (cwynion), achwyniad(au)
complaints about the Court Service	—	cwynion am Wasanaeth y Llysoedd
complaints about treatment by a judge	—	cwynion am ymdriniaeth barnwr
"complexity or difficulty"	—	"cymhlethdod neu anhawster"
compliance costs	—	costau cydymffurfio
reverse the burden of compliance costs	—	gwrthdroi baich y costau cydymffurfio
Comptroller and Auditor General	—	Y Rheolwr a'r Archwiliwr Cyffredinol
computer literacy	—	llythrennedd cyfrifiadurol
computer skills	—	sgiliau cyfrifiadurol
in computer-readable form	—	mewn ffurf gyfrifiadurol
computerised conveyancing	—	trawsgludo cyfrifiadurol
Conditional Fee Agreements Order 1995	—	Gorchymyn Cytundebau Tâl Amodol 1995
conditional sale agreement	—	cytundeb(au) gwerthiant amodol
confiscate	—	atafaelu
confrontation by a witness	—	dod wyneb yn wyneb â thyst, llidwynebu tyst

consider	—	ystyried
consider representations	—	ystyried dadleuon
consider representations made to him/her	—	ystyried dadleuon a roddwyd iddo/ iddi
consideration, _quid pro quo_ [in contract, etc]	—	cydnabyddiaeth, _quid pro quo_ (tâl am dâl [mewn contract, etc]
valuable consideration	—	cydnabyddiaeth sydd â gwerth iddi [_nid:_ "c. werthfawr"]
consultation paper	—	dogfen(nau) ymgynghorol
consultation stage	—	cyfnod(au) ymgynghori
consumer group	—	grŵp (grwpiau) defnyddwyr
contractual	—	contractol
contractual provisions	—	darpariaethau contractol
contributory _n_	—	cyfrannwr (cyfranwyr), cyfranogwr cyfranogwyr)
[one who contributes to the debts of a joint stock company]		[rhywun sy'n cyfrannu at ddyledion cwmni cyd-stoc]
Control of Pollution Act 1974	—	Deddf Rheoli Llygredd 1974
copyright work	—	gwaith (gweithiau) hawlfreiniol
costs of compliance	—	costau cydymffurfio
counselling, to counsel	—	ymgeleddu
[assist and guide to resolve personal, social, etc, problems and difficulties]		[cynorthwyo ac arwain er mwyn datrys problemau ac anawsterau personol, cymdeithasol, etc]
counsellor	—	ymgeleddwr (ymgeleddwyr)
countersign, to	—	adlofnodi
"countersigned by X"	—	"adlofnodwyd gan X"
County Court Bulk Centre	—	Canolfan Swmp y Llys Sirol
"cracked" trial	—	treial(on) "chwâl", t. sy'n chwalu
Credit Unions Act 1979	—	Deddf Undebau Credyd 1979
Criminal Appeal Act 1995	—	Deddf Apelau Troseddol 1995
criminal intelligence [information supplied to the Police]	—	gwybodaeth droseddol [gwybodaeth a roir i'r Heddlu]
Criminal Justice and Public Order Act 1994	—	Deddf Cyfiawnder Troseddol a Threfn Gyhoeddus 1994

criminal record	—	hanes(ion) troseddu, h. o droseddu
"fetch their criminal records"	—	"estynnwch eu hanesion troseddu"
"X has a criminal record"	—	"mae gan X hanes o droseddu"
Crown Agents Act 1995	—	Deddf Asiantau'r Goron 1995
Crown Court Witness Service	—	Gwasanaeth Tystion Llys y Goron
Crown Prosecution Service [CPS] **Statement of Purpose and Values**	—	Datganiad o Ddiben a Gwerthoedd Gwasanaeth Erlyn y Goron [GEG/CPS][1]
cumulated evidence	—	tystiolaeth gronnol
customer service notice board [in the precincts of the Court]	—	hysbysfwrdd gwasanaeth i gwsmeriaid [o fewn cwrtil y Cwrt]
Customer Service Officer [in the Crown Court and County Court]	—	Swyddog Gwasanaeth i Gwsmeriaid [yn Llys y Goron a'r Llys Sirol]

D

declarant	—	datganwr (datganwyr), sawl sy'n datgan
"deemed notice"	—	"rhybudd cyfrifedig"
defect	—	diffyg(ion)
structural defect	—	diffyg yn yr adeiladwaith
Delay Notice	—	Rhybudd o Oedi
denial	—	gwadiad(au)
deny	—	gwadu
depreciation	—	dibrisiant (dibrisiannau)
deregulate, deregulation	—	dadreoli
Deregulation and Contracting Out Act 1994	—	Deddf Dadreoli a Chontractio Allan 1994

---

[1] Yn ôl y *Siarter ar Gyfer Defnyddwyr y Llysoedd, 1995,* mae'r blaenlythrennau "GEG" yn gywir: eithr "CPS" a ddefnyddir gan y Gwasanaeth ar ei swyddfeydd a'i bapur sgrifennu yng Nghymru. Mae Cymdeithas Cyfreithwyr Gwynedd, hefyd, o blaid "CPS".

[1] *According to the* Charter for Court Users, 1995, *the initials "GEG" are correct: but the Service itself uses "CPS" on its offices and stationery in Wales. Gwynedd Law Society, too, favour "CPS".*

derelict house	—	murddun(nod)
designate	—	dynodi
designated	—	dynodedig
designated authority	—	awdurdod dynodedig
designated zone	—	ardal ddynodedig
detection rate [of crimes]	—	graddau datrys [troseddau]
Development Board for Rural Wales Act 1991	—	Deddf Bwrdd Datblygu Cymru Wledig 1991
directive	—	cyfarwyddeb(au)
discharge of functions	—	cyflawni swyddogaethau
discriminate, discrimination	—	camwahaniaethu
but: distinguish, differentiate	—	gwahaniaethu
affirmative discrimination	—	camwahaniaethu cadarnhaol
age discrimination	—	camwahaniaethu oed
indirect discrimination	—	camwahaniaethu anuniongyrchol
linguistic discrimination	—	camwahaniaethu ieithyddol
negative discrimination	—	camwahaniaethu negyddol
racial discrimination	—	camwahaniaethu hiliol
reverse discrimination	—	camwahaniaethu o chwith
sexual discrimination	—	camwahaniaethu rhywiol
discussion	—	trafodaeth(au)
and: transaction	—	trafodiad
disenfranchise, disfranchise	—	dadfreinio, difreinio
disobey, *see:* "obey"		
dispensing instrument	—	offeryn(nau) eithrio
dispose [of property, etc]	—	gwaredu [eiddo, etc]
disposition [of property, etc]	—	gwarediad(au) eiddo, gwaredu e.
acquisition and disposition	—	caffael a gwaredu
disposition for value	—	gwarediad am werth
disruptive trespasser	—	tresmaswr sy'n tarfu
disused, unoccupied	—	segur
disused railway track	—	cledrau rheilffordd segur
unoccupied premises	—	anheddau segur
DNA profile	—	proffil(iau) DNA
ᴬ**domestic** [family]	—	teuluol

22

[B.]**domestic** [for rating, etc] — preswyl
  domestic property — eiddo preswyl
  and: non-domestic property — eiddo annomestig[1]

[C.]**domestic** [International Law] — gwladwriaethol [Cyfraith Ryngwladol]

door tenancy — tenantiaeth(au) drws
  [when a barrister with chambers in — [pan fo bargyfreithiwr sydd â
    in London is prepared to accept   siambrau yn Llundain yn barod i
    instructions through local chambers]   dderbyn cyfarwyddiadau drwy
        siambrau lleol]

Drivers and Vehicles Licensing
  Agency, DVLA [Swansea] [formerly
  DVL *Centre*, DVLC] — Yr Asiantaeth Trwyddedu Gyrwyr a
    Cherbydau, ATGCh [Abertawe]
    [gynt y *Ganolfan* TGCh, y GTGCh]

drug trafficking — masnachu cyffuriau

dumping — dadlwytho, dympio

E

ecclesiastical property — eiddo eglwysig

ecolabelling — ecolabelu
  UK *[United Kingdom]* Ecolabelling Board — Bwrdd Ecolabelu'r DU *[Y Deyrnas*
    Unedig]

Education Reform Act 1988 — Deddf Diwygio Addysg 1988

emergency — argyfwng (argyfyngau)
  emergency order — gorchynyn argyfwng
  emergency prohibition — gwaharddiad argyfwng

employee — cyflogai (cyflogeion), [y] cyflogedig(ion)
  and: employer — cyflogwr

enterprise zone — rhanbarth(au) menter

entitle — rhoi hawl

entitled — bod â hawl

entitlement, right — hawl(iau)

entity — endid(au)
  legal entity — endid cyfreithiol

---

[1] Ymddengys mai o'r Swyddfa Gymreig y daeth y term yma.
[1] *This expression seems to have emanated from the Welsh Office.*

environment	—	amgylchedd(au)
Environment Act 1995	—	Deddf yr Amgylchedd 1995
environmental	—	amgylcheddol
environmental assessment	—	asesiad amgylcheddol
environmental statement	—	datganiad amgylcheddol
Environmental and Pollution Notice	—	Rhybudd Amgylcheddol a Llygredd
Equal Opportunities Commission	—	Y Comisiwn Cyfle Cyfartal
The Equal Opportunities Commission in Wales	—	Y Comisiwn Cyfle Cyfartal yng Nghymru
equal treatment	—	triniaeth gyfartal
European Central Bank	—	Y Banc Ewropeaidd Canolog
European Economic Area Act 1993	—	Deddf Rhanbarth Economaidd Ewrop 1993
European Investment Bank	—	Y Banc Buddsoddiadau Ewropeaidd
European Parliamentary Elections Act 1993	—	Deddf Etholiadau Senedd Ewrop 1993
euthanasia	—	ewthanasia
evaluate	—	gwerthuso, pennu gwerth
exchange land *n*	—	tir(oedd) cyfnewid
exempted from disclosure	—	eithriwyd o'i ddatgelu, esemptiwyd/ esgusodwyd o'i dd.
information exempted from disclosure by law	—	gwybodaeth sydd wedi'i heithrio gan y gyfraith o'i datgelu
excepted	—	eithriedig
excepted minerals	—	mwynau eithriedig
exercise *v* [rights, etc]	—	arfer [hawliau, etc]
exercise a right	—	arfer hawl
execise the right to ...	—	arfer yr hawl i . . .
explicit	—	eglur
"the Act is explicit"	—	"mae'r Ddeddf yn eglur"
extract *n* [from an Act, etc]	—	detholiad(au) [o Ddeddf, etc]

F

Family Court Welfare Officer	—	Swyddog Lles y Llys Teulu
Family Court Welfare Service	—	Gwasanaeth Lles y Llys Teulu
Family Credit	—	Credyd Teulu
farm-business tenancy	—	tenantiaeth(au) busnes-ffermio
fee earner	—	enillydd (enillwyr) tâl, e. ffioedd
and: wage-earner	—	enillydd cyflog
"how many fee earners are there in the practice?"	—	"pa sawl enillydd tâl sydd yna yn y practis?"
flexible working hours	—	oriau gwaith hyblyg
Food Safety Notice	—	Rhybudd(ion) Diogelwch Bwyd
Football (Offences) Act 1991	—	Deddf (Troseddau) Pêl-droed 1991
footpaths and footways	—	llwybrau troed a ffyrdd troed
forbidden, prohibited, proscribed	—	gwaharddedig
force	—	grym
use of force, using force	—	defnyddio grym
Foreign Corporations Act 1991	—	Deddf Corfforaethau Tramor 1991
frame *v*	—	llunio
and: draft	—	drafftio
frame an instrument [i.e. a document]	—	llunio offeryn [h.y. dogfen]
frozen assets	—	asedau clo
funding	—	ariannu
funding of the Legal Aid Scheme	—	ariannu'r Gyfundrefn Cymorth Cyfraith
under-funding	—	tan-ariannu
Further and Higher Education Act 1992	—	Deddf Addysg Bellach ac Uwch 1992
further assurance [conveyancing covenant]	—	sicrhad pellach [cyfamod trawsgludo]
further education corporation	—	corfforaeth(au) addysg bellach

G

Gas (Exempt Supplies) Act 1993	—	Deddf Nwy (Cyflenwadau Esempt) 1993
General Common Law	—	Cyfraith Gwlad Gyffredinol

General Development Order	—	Gorchymyn Datblygiad Cyffredinol
General Improvement Order	—	Gorchymyn Gwelliant Cyffredinol
Geneva Conventions (Amendment) Act 1995	—	Deddf (Newid) Confensiynau Genefa 1995
given, given that . . .	—	o wybod bod . . .
glue-sniffing	—	ffroeni glud
glue-sniffer	—	ffroenwr (ffroenwyr) glud
"good cause", with	—	â "rheswm da"
Goods Vehicles (Licensing of Operators) Act 1995	—	Deddf Cerbydau Nwyddau (Trwyddedu Gweithredwyr) 1995
"grass" *see:* "tout"		
"green" [grassed area of land]	—	maes (meysydd) [llecyn gwyrdd o dir]
town green	—	maes y dref [*nid:* "maestref" = *"suburb"*]
village green	—	maes [y] pentref
group identification	—	arenwi mewn grŵp, adnabod m.g.
guideline	—	canllaw(iau)
current guidelines	—	canllawiau cyfredol
revised guidelines	—	canllawiau diwygiedig

H

handwriting examiner	—	archwiliwr (archwilwyr) llawysgrifen
harassment	—	aflonyddwch, aflonyddu
intentional harassment	—	aflonyddu bwriadol
harmful	—	niweidiol
harmful intent	—	bwriad niweidiol, b. i niweidio
harmful substance(s)	—	sylwedd(au) niweidiol
harmonisation of Acts/laws/policies	—	cysoni Deddfau/cyfreithiau/polisïau
Hazardous Substance Consent	—	Caniatâd Sylweddau Peryglus
head-butt	—	twlc-talcen
to head-butt [someone]	—	rhoi twlc-talcen [i rywun]
Health Authorities Act 1995	—	Deddf Awdurdodau Iechyd 1995
Health Services Commissioners Act 1993	—	Deddf Comisiynwyr Gwasanaethau Iechyd 1993

26

hence	—	gan hynny
heretofore, hitherto	—	hyd yn hyn, hyd yma
hereupon	—	ar hyn
and: thereupon	—	ar hynny
higher education corporation	—	corfforaeth(au) addysg uwch
Home Office Classification	—	Dosbarthiad y Swyddfa Gartref
horsepower	—	marchnerth
House of Commons Disqualification Act 1975	—	Deddf Anghymhwyso Tŷ'r Cyffredin 1975
Housing Action Trust	—	Ymddiriedolaeth Gweithredu ar Dai
housing action area	—	ardal gweithredu ar dai
Human Fertilisation and Embryology (Disclosure of Information) Act 1992	—	Deddf Ffrwythloniad Dynol ac Embryoleg (Dadlennu Gwybodaeth) 1992

I

illegible	—	annarllenadwy
immediate . . . *and see:* "past"	—	yr agosaf . . .
the immediate covenantor	—	yr agosaf gyfamodwr, y c. agosaf
the immediate seller	—	yr agosaf werthwr, y g. agosaf
immigration appeal	—	apêl (apelau) mewnfudo
Immigration Appellate Authorities	—	Yr Awdurdodau Apelau Mewnfudwyr
immunity	—	imiwnedd(au) [GAG 1995], imwnedd(au) [GPC C20]
implication	—	ymhlygiad(au)
drafting implications	—	ymhlygiadau drafftio
impugn title, to	—	darnio teitl
in-house lawyer	—	cyfreithydd mewnol, cyfreithiwr m.
in-house legal service	—	gwasanaeth cyfraith mewnol
"in my presence"	—	"yn fy ngŵydd [i]"
but: "before me"	—	"ger fy mron [i]"
income support payment	—	tâl cynnal incwm, budd-dâl/budd-dal c. i.

27

indirect taxation	—	treth anuniongyrchol
and: direct taxation	—	treth uniongyrchol
inference	—	casgliad(au)
adverse inference	—	casgliad gwrthnebus, c. gwrthwynebus
draw an inference	—	tynnu casgliad
[A.] **initial** *n* [letter]	—	blaenlythyren (blaenlythrennau), llythyren flaen (llythrennau blaen)
[A.] **initial** *v*	—	blaenlythrennu
"initial this", "put your initials on this"	—	"blaenlythrennwch hwn", "rhowch eich blaenlythrennau ar hwn", "llofnodwch hwn â'ch llythrennau blaen"
[B.] **initial**	—	cychwynnol
initial date	—	dyddiad cychwynnol
inland waterway, canal	—	camlas (camlesi)
inner urban development area	—	ardal(oedd) gwella mewn-drefol
insert:	—	rhodder:, rhowch:
[direction to put additional wording in text]		[cyfarwyddyd i ddodi geiriad ychwanegol mewn testun]
insider dealing	—	masnachu mewnol
instigate proceedings, take p.		
[against someone]	—	dwyn achos [yn erbyn rhywun]
Insurance Companies (Reserves) Act 1995	—	Deddf Cwmnïau Yswiriant (Cronfeydd wrth Gefn) 1995
interest [i.e. advantage, etc]	—	buddiant (buddiannau) [h.y. mantais, etc]
"interest or right"	—	"buddiant neu hawl"
internal combustion engine	—	peiriant (peiriannau) tanio mewnol
internal market	—	masnach fewnol (masnachau mewnol)
intimidate [a juror, a witness, etc]	—	dychrynu [rheithiwr, tyst, etc]
International Carriage of Perishable Foodstuffs Act 1976	—	Deddf Cludiant Rhyngwladol Bwydydd Darfodus 1976
involved [complicated]	—	cymhleth
an involved argument	—	dadl gymhleth
irregularity	—	afreoluster(au), afreolustra
financial irregularity	—	afreoluster ariannol

J

Jobseekers Act 1995	—	Deddf Chwilwyr am Waith 1995
joint stock company	—	cwmni (cwmnïau) cyd-stoc
joint venture	—	cyd-fenter (cyd-fentrau), menter (mentrau) ar y cyd
judicial officer	—	swyddog barnwrol
Judicial Pensions and Retirement Act 1993	—	Deddf Pensiynau ac Ymddeoliad Barnwyr 1993

K

keep, *and see:* "retain"	—	cadw
key word(s) key wording	— —	allweddair (allweddeiriau) allwedd-eiriad
knowingly and wilfully	—	yn ymwybodol ac o fwriad, y. y. ac yn fwriadol

L

land maintenance notice	—	rhybudd(ion) cynnal a chadw tir
Land Registration (Implied Covenants for Title) Rules 1995	—	Rheolau Cofrestru Tir (Cyfamodau Teitl Ymhlyg) 1995
landlord absentee landlord	— —	lan(d)lord(iaid) lan(d)lord absennol
Landlord and Tenant (Covenants) Act 1995	—	Deddf (Cyfamodau) Lan(d)lord a Thenant 1995
language scheme Welsh language scheme	— —	cynllun(iau) iaith cynllun iaith Gymraeg
law-abiding citizen	—	dinesydd deddfgar, d. sy'n parchu'r gyfraith
Law of Property (Miscellaneous Provisions) Act 1994	—	Deddf Cyfraith Eiddo (Darpariaethau Amrywiol) 1994

Law Reporter[1]	—	Lluniwr Adroddiadau Cyfraith[1]
legal entity	—	endid(au) cyfreithiol
legal personality	—	personoliaeth gyfreithiol (personoliaethau cyfreithiol)
legislation	—	deddfwriaeth
anti-terrorism legislation	—	deddfwriaeth wrthderfysgaeth
proposed legislation	—	deddfwriaeth fwriadedig, d. arfaethedig
lewd	—	aflan
lewdness	—	aflendid
liable to forfeiture	—	yn agored i'w fforffedu
Licensing (Sunday Hours) Act 1995	—	Deddf Trwyddedu (Oriau'r Sul) 1995
life-threatening[2]	—	yn peryglu bywyd[2]
limited capacity, *and see:* capacity	—	cymhwystra cyfyngedig
and: restricted capacity	—	cymhwystra cywasgedig
limited expenses	—	treuliau cyfyngedig
live TV link [for child witnesses]	—	cyswllt (cysylltau) teledu byw [ar gyfer plant sy'n dystion]
legislative	—	deddfwriaethol
non-legislative	—	anneddfwriaethol
Local Government (Wales) Act 1994	—	Deddf Llywodraeth Leol (Cymru) 1994
Local Land Charges Register	—	Cofrestr(au) Pridiannau Tir Lleol
Civil Aviation Charges	—	Pridiannau Hedfan Sifil
Drainage Scheme Charges	—	Pridiannau Cynllunio Draeniau
Fenland Ways Maintenance Charges	—	Pridiannau Cynnal Llwybrau Corstir
General Financial Charges	—	Pridiannau Ariannol Cyffredinol
Land Compensation Charges	—	Pridiannau Digollediadau Tir
Light Obstruction Notices	—	Rhybuddion Rhwystriadau Goleuni
Listed Buildings Charges	—	Pridiannau Adeiladau Rhestredig
Miscellaneous Charges	—	Pridiannau Amrywiol

[1] Mae pob Lluniwr Adroddiadau Cyfraith (swyddogol) yn fargyfreithiwr.
[1] *Every (official) Law Reporter is a barrister-at-law.*

[2] Dylid cofio fod ymadrodd llafar cyffredin: *"mae'n berygl bywyd"* neu *"mae'n beryg bywyd"*, nad yw ond yn golygu *"mae'n beryglus iawn"*. Gan hynny, awgrymir y dylid gofalu glynu wrth y ffurfeiriad a roddir uchod.

[2] *It should be borne in mind that there is a common colloquial expression:* "mae'n berygl bywyd" *or* "mae'n beryg bywyd" [*lit.* "it is a danger to life"], *which means merely* "it is very dangeous". *For that reason, it is suggested that care be taken to adhere to the wording given above.*

New Towns Charges	—	Pridiannau Trefi Newydd
Opencast Coal Charges	—	Pridiannau Glo Brig
Planning Charges	—	Pridiannau Cynllunio
Specific Financial Charges	—	Pridiannau Ariannol Penodol

location [of land] — lleoliad [tir]

"long vehicle" — "cerbyd hir"

M

Magistrates' Courts Service Inspectorate — Arolygwyr Gwasanaeth y Llysoedd Ynadon

maim [bodily, etc] — analluogi [yn gorfforol, etc]
 and: mutilate — anffurfio

major commercial plaintiff(s) — pleintydd(ion) masnachol mawr

make up [a road, etc] — cwblhau [ffordd, etc]

mandatory — gorfodol

marine structure — adeiladwaith (adeiladweithiau) morol

market testing — arbrofi'r farchnad

maternity locum — locwm cyfnod mamolaeth

mediate — cyfryngu
 and: arbitrate — cymrodeddu, cyflafareddu

mediator — cyfryngwr (cyfryngwyr)
 and: arbitrator — cymrodeddwr, cyflafareddwr

Medical Qualifications (Amendment) Act 1991 — Deddf (Newid) Cymwysterau Meddygol 1981

Medicinal Products: Prescription by Nurses etc. Act 1992 — Deddf Cynhyrchion Meddygol: Presgripsiwn gan Nyrsys etc. 1992

Merchant Shipping Act 1995 — Deddf Llongau Masnach 1995

metropolitan[1] — metropolitanaidd[1]

---

[1] Ni wna'r gair "*Llundeinig*" mo'r tro, serch y defnyddir ef weithiau, mewn ystyr anghyfreithiol: canys disgrifir dinasoedd heblaw Llundain â'r gair "*metropolitan*". Gan hynny, glynwyd yma wrth y gair Groeg gwreiddiol "*metropolis*" [= mam-ddinas].

[1] *The word* "Llundeinig" [= *appertaining to London*] *cannot be used, though it occasionally appears in a non-legal sense: for the word* "metropolitan" *is used of cities other than London. Therefore the original Greek word* "metropolis" [= *mother-city*] *is adhered to here.*

mineral consultation area	—	ardal(oedd) ymgynghorol mwynau
mini-roundabout	—	cylchfan(nau) mini
minimum compensation [payment]	—	isafswm tâl digolledu
Ministerial and Other Pensions and Salaries Act 1991	—	Deddf Pensiynau a Chyflogau Gweinidogion ac Eraill 1991
missing	—	ar goll
missing beneficiary	—	buddiolwr ar goll
missing witness	—	tyst ar goll
modification [of a scheme, etc]	—	addasiad(au) [cynllun, etc]
monetary limit	—	terfyn(au) ariannol
money "laundering"	—	"gwyngalchu" arian
Motor Vehicles (Safety Equipment for Children) Act 1991	—	Deddf Cerbydau Modur (Cyfarpar Diogelwch i Blant) 1991
multi-courtroom centre	—	canolfan(nau) aml-gwrtiau
multi-occupancy	—	aml-feddiant
multiple occupation	—	aml-breswyliaeth
mutilate [bodily, etc], *and see:* "maim"	—	anffurfio [yn gorfforol, etc]

N

Namibia Act 1991	—	Deddf Namibia 1991
National Association of Victim Support Schemes	—	Cymdeithas Genedlaethol Cynlluniau Cymorth i Ddioddefwyr
National Lottery etc. Act 1993	—	Deddf Lotri etc. Genedlaethol [Lotri Wladol] 1993
National Non-domestic Rate, *and see:* "domestic"	—	Y Dreth Annomestig Genedlaethol
nearby sewer	—	carthffos gyfagos (carthffosydd cyfagos)
negative equity	—	ecwiti negyddol

negligence	—	esgeuluster
medical negligence	—	esgeuluster meddygol
professional negligence	—	esgeuluster proffesiynol
nervous shock	—	sioc i'r nerfau
New Roads and Street Works Act 1991	—	Deddf Ffyrdd Newydd a Gwaith Strydoedd 1991
Noise and Statutory Nuisance Act 1993	—	Deddf Sŵn a Niwsans Statudol 1993
Noise Level Register	—	Y Gofrestr Lefelau Sŵn
nominated adviser	—	cynghorwr enwebedig
nominated broker	—	brocer enwebedig
nominated lawyer	—	cyfreithydd enwebedig
nominated solicitor	—	cyfreithiwr enwebedig
nominee purchaser	—	prynwr (prynwyr) enwebedig
non-domestic, *see:* "domestic"		
non-ministerial	—	anweinidogol
non-ministerial departments [of Government]	—	adrannau anweinidogol [o'r Llywodraeth]
"Not Searched" [entry in custody record]	—	"Nis Chwiliwyd" [nodyn mewn cofnod cadwraeth]
Notice of Transfer [for trial]	—	Hysbysiad Trosglwyddo [i sefyll prawf]
Nurses, Midwives and Health Visitors Act 1992	—	Deddf Nyrsys, Bydwragedd ac Ymwelwyr Iechyd 1992

O

obey	—	ufuddhau
and: disobey	—	anufuddhau
occupier	—	meddiannwr (meddianwyr), deiliad (deiliaid)
displaced residential occupier	—	meddiannwr preswyl a ddisodlwyd, deiliad p. a dd.
protected intending occupier	—	darpar-feddiannwr gwarchodedig, darpar-ddeiliad g.
official mark	—	marc(iau) swyddogol
want of official mark	—	dim marc swyddogol

Olympic Symbol Etc. (Protection) Act 1995	—	Deddf (Gwarchod) y Symbol Olympaidd, Etc. 1995
onerous	—	beichus
onerous covenant	—	cyfamod beichus
order of procedure, procedure	—	gweithdrefn(au)

P

paralegal *a*	—	paracyfreithiol, paragyfreithiol
[*and: paramedical*	—	*parameddygol, parafeddygol*]
[*and: paramilitary*	—	*paramilwrol, parafilwrol*]
paralegal *n*	—	paracyfreithiwr (paracyfreithwyr), paragyfreithiwr (paragyfreithwyr)
[*and: paramedic*	—	*parameddyg, parafeddyg*]
[*and: paramilitary*	—	*paramilwr, parafilwr*]
Parental Responsibility Agreement	—	Cytundeb Cyfrifoldeb Rhieni
past . . ., *and see:* "immediate"	—	. . . blaenorol
past covenantors	—	cyfamodwyr blaenorol
past owners	—	perchnogion blaenorol
past sellers/vendors	—	gwerthwyr blaenorol
pension fund	—	cronfa (cronfeydd) pensiynau
Pensions Act 1995	—	Deddf Pensiynau 1995
Pensions Appeal Tribunal(s)	—	Tribiwnlys(oedd) Apelau Pensiwn
Pension Schemes Act 1993	—	Deddf Cynlluniau Pensiwn 1993
permanent road closure	—	cau ffordd (ffyrdd) yn barhaol
permitted . . .	—	. . . a ganiateir
permitted rent	—	rhent a ganiateir
physical factors [according to the context]	—	ffactorau corfforol/materol [yn ôl y cyd-destun]
pipeline	—	piblinell(au)
pipeline owner	—	perchen piblinell
plan	—	cynllun(iau)
development plan	—	cynllun datblygu
[*old-style development plan*	—	*cynllun datblygu o'r hen ddull*]
non-statutory plan	—	cynllun anstatudol
unitary development plan	—	cynllun datblygu unedol
Planning and Compensation Act 1991	—	Deddf Cynllunio a Digolledu 1991

34

Planning Contravention Notice	—	Rhybudd Tramgwydd Cynllunio
plea and directions hearing [in the Crown Court]	—	gwrandawiad ple a chyfarwyddiadau [yn Llys y Goron]
ploy [by the Police, prosecution, defence, etc]	—	ystryw(iau) [gan yr Heddlu, yr erlyniad, yr amddiffyniad, etc]
Police and Magistrates' Courts Act 1994	—	Deddf yr Heddlu a Llysoedd Ynadon 1994
Police National Computer	—	Cyfrifiadur Cenedlaethol yr Heddlu
pornographic	—	pornograffig
pornographic literature	—	llenyddiaeth bornograffig
pornographic material	—	deunydd pornograffig
pornography	—	pornograffi
child pornography	—	pornograffi plant
Ports Act 1991	—	Deddf Porthladdoedd 1991
post-death property dealing	—	delio ag eiddo ar ôl marwolaeth
practicable means	—	moddion ymarferol, dulliau y.
Practising Certificate	—	Tystysgrif Ymarfer
pre-litigation	—	cyn-cyfreitha
pre-litigation documents	—	dogfennau cyn-cyfreitha
predecessor *a*	—	rhagflaenol
predecessor authority	—	awdurdod rhagflaenol
prejudicial publicity	—	cyhoeddusrwydd niweidiol
prejudicial coverage [by the press, the media, etc]	—	adroddiadau niweidiol [gan y wasg, y cyfryngau, etc]
prescribed	—	penodedig
prescribed amount	—	swm penodedig
prescribed rate	—	cyfradd penodedig
preventive measures	—	mesurau ataliol
Priests (Ordination of Women) Measure 1993	—	Mesur Offeiriaid (Ordeinio Menywod) 1993
primary product	—	cynnyrch (cynhyrchion) cynradd
Prisoners and Criminal Proceedings (Scotland) Act 1993	—	Deddf Carcharorion ac Achosion Troseddol (Yr Alban) 1993

35

Prisoners (Return to Custody) Act 1995

— Deddf Carcharorion (Dychwelyd i'r Ddalfa) 1995

privatisation — preifateiddio

Probate Officer
and: probation officer

— Swyddog(ion) Profiant
— swyddog profiannaeth

Probation Service Act 1993 — Deddf Gwasanaeth Profiannaeth 1993

procedure, order of procedure — gweithdrefn(au)

procedural rules — rheolau gweithredu

Proceeds of Crime Act 1995 — Deddf Elw Troseddau 1995

professional skills — sgiliau proffesiynol

prohibited, proscribed, forbidden — gwaharddedig

proposed legislation — deddfwriaeth fwriadedig, d arfaethedig

proscribed organisation — mudiad(au) gwharddedig

pseudo-photograph [e.g. of children in obscene circumstances] — ffoto-ffug [e.e. o blant mewn sefyllfaoedd anllad]

Public Law — Y Gyfraith Gyhoeddus

public path or byway — . llwybr(au) cyhoeddus neu gilffordd (gilffyrdd)

public sector body — corff (cyrff) sector cyhoeddus

public works
and: public work [e.g. serving on a local authority, etc]

— gweithfeydd cyhoeddus

— gwaith cyhoeddus [e.e. gwasanaethu ar awdurdod lleol, etc]

PUBLICATIONS AND LEAFLETS
CYHOEDDIADAU A PHAMFFLEDI

[Mae'r canlynol i'w cael yng ngwahanol swyddfeydd y Llysoedd ac o Wasg ei Mawrhydi. Rhestrwyd hwy—ynghŷd â'u teitlau Cymraeg—yn y *Siarter ar Gyfer Defnyddwyr y Llysoedd, 1995.*]
[*The following are available at various Court offices and at HM Stationery Office. They are listed—together with their Welsh Titles—in the* Charter for Court Users, 1995.]

"A guide to searching and how to use Calendars in the main hall" [of the Probate Registry]

— "Canllaw chwilio a defnyddio'r Calendrau yn y brif neuadd" [yn y Swyddfa Brofiant]

"A Practical Guide to Legal Aid"	—	"Canllaw Ymarferol i Gymorth Cyfraith"
"Charter for Court Users"	—	"Siarter ar gyfer Defnyddwyr y Llysoedd"
"Child Witness Pack"	—	"Pecyn Plant sy'n Dystion"
"Code for Crown Prosecutors"	—	"Côd ar gyfer Erlynwyr y Goron"
"Crown Prosecution Service Annual Report"	—	"Adroddiad Blynyddol Gwasanaeth Erlyn y Goron"
"Crown Prosecution Service Statement of Purpose and Values"	—	"Datganiad o Ddiben a Gwerthoedd Gwasanaeth Erlyn y Goron"

DIVORCE LEAFLETS	:	**PAMFFLEDI YSGARU**
Leaflet 1 **"About Divorce"**	—	*Pamffled 1* "Ysgaru"
Leaflet 2 **"I want a divorce — what do I do?"**	—	*Pamffled 2* "Eisiau ysgaru — beth nesaf?"
Leaflet 3 **"Children and divorce"**	—	*Pamffled 3* "Plant ac ysgaru"
Leaflet 4 **"The respondent has replied to my petition — what must I do?"**	—	*Pamffled 4* "Cefais ymateb i'm deiseb — beth nesaf?"
Leaflet 5 **"I have a Decree Nisi — what must I do next?"**	—	*Pamffled 5* "Cefais Archddyfarniad Cyntaf— beth nesaf?"

"Do you want to complain?" [about the Court Service]	—	"Eisiau cwyno?" [am Wasanaeth y Llysoedd]
"Enforcing your judgment: Garnishee and Charging orders"	—	"Gorfodi eich dyfarniad: gorchmynion Garnisio a Thalu"
"Enforcing your judgment: Oral examinations"	—	"Gorfodi eich dyfarniad: Holi llafar"
"Fees you will have to pay to issue or enforce your claim"	—	"Ffioedd i'w talu i godi neu orfodi eich hawliad"

37

"How do I ask for a warrant of execution?"	—	"Sut mae gofyn am warant i weithredu?"
"How do I ask for an attachment of earnings?"	—	"Sut mae gofyn am atafaelu enillion?"
"How to obtain probate"	—	"Sut i gael profiant"
"I cannot pay my judgment"	—	"Methu talu fy nyfarniad"
"I have a judgment but the defendant hasn't paid"	—	"Mae gen i ddyfarniad ond ni thalodd y diffynnydd"
"I have been asked to be a witness — what do I do?"	—	"Gofynnwyd i mi fod yn dyst — beth nesaf?"
"I want to appeal — what should I do?"	—	"Eisiau apelio — beth nesaf?"
"In the Public Interest"	—	"Er Budd y Cyhoedd"
"Judicial Statistics"	—	"Ystadegau Barnwrol"

- - - - - - - - - - - - - - - - - -

SMALL CLAIMS LEAFLETS	:	**PAMFFLEDI HAWLIADAU BYCHAIN [MÂN-DDYLEDION]**
Leaflet 1 **"What is a small claim?"**	—	*Pamffled 1* "Beth yw hawliad bychan?"
Leaflet 2 **"How do I make a small claim in the county court?**	—	*Pamffled 2* "Sut mae gwneud hawliad bychan yn y llys sirol?"
Leaflet 3 **"No reply to my summons — what do I do?"**	—	*Pamffled 3* "Dim ymateb i'm gwŷs — beth nesaf?"
Leaflet 4 **"The defendant admits my claim —what should I do?"**	—	*Pamffled 4* "Mae'r diffynnydd yn derbyn fy hawliad — beth nesaf?
Leaflet 5 **"The defendant admits part of my claim — what do I do?"**	—	*Pamffled 5* "Mae'r diffynnydd yn derbyn rhan o'm hawliad — beth nesaf?"
Leaflet 6 **"A defence to my claim — what happens now?"**	—	*Pamffled 6* "Amddiffyniad yn erbyn fy hawliad —beth nesaf?"

Leaflet 7	—	*Pamffled 7*
"An arbitration hearing — how do I prepare?"		"Gwrandawiad cymrodeddu — sut mae paratoi?"

"Standards of Service for Victims"	—	"Safonau Gwasanaeth ar gyfer Dioddefwyr"
"Statement on the treatment of Victims and Witnesses"	—	"Datganiad am y driniaeth a gaiff Dioddefwyr a Thystion"
"The Children Act and the Courts — A Guide for Parents"	—	"Y Ddeddf Plant a'r Llysoedd— Canllaw i Rieni"
"The Children Act and You— A Guide for Young People"	—	"Y Ddeddf Plant a Chi — Canllaw i Bobl Ifainc"
"The Court Service Annual Report"	—	"Adroddiad Blynyddol Gwasanaeth y Llysoedd"
"Victims of Crime"	—	"Dioddefwyr yn Sgîl Trosedd"
"Witness in Court"	—	"Tyst yn y Llys"
"Your guide to the Attachment of Earnings Act 1971"	—	"Canllaw i Ddeddf Atafaelu Enillion 1971"

---

pursue [a case, etc]	—	mynd ymlaen [ag achos, etc]

Q

qualifying *a*	—	cymhwysol
qualifying expenditure	—	gwariant cymhwysol
qualifying interest	—	buddiant cymhwysol
qualifying tenancy	—	tenantiaeth gymhwysol
qualifying work	—	gwaith cymhwysol
questioned [suspicious]	—	amheus
questioned document	—	dogfen amheus
questioned documents examination	—	archwilio dogfennau amheus
"quickie" divorce	—	ysgariad "chwap"
quota	—	cwota (cwotâu)
base quota	—	cwota sylfaenol
transferable quota	—	cwota trosglwyddadwy
transferred quota	—	cwota a drosglwyddwyd

R

Radioactive Material (Road Transport) Act 1991	—	Deddf Defnyddiau Ymbelydrol (Cludiant Ffyrdd) 1991
Radioactive Substances Act 1993	—	Deddf Sylweddau Ymbelydrol 1993
radon gas precautions	—	rhagofalon nwy radon
Railways Act 1993	—	Deddf Rheilffyrdd 1993
rape	—	trais (treisiau), t. rhywiol
acquaintance-rape	—	trais gan gydnabod
date-rape	—	trais cynnal-oed
gang-rape	—	trais gan dorf
stranger-rape	—	trais gan ddieithryn
Reading [of a Parliamentary bill]	—	Darlleniad(au) [am fesur Seneddol]
First Reading	—	Y Darlleniad Cyntaf
Second Reading	—	Yr Ail Ddarlleniad
Third Reading	—	Y Trydydd Darlleniad
recipient	—	derbyniwr (derbynwyr)
but: receiver	—	derbynnydd
Reconsideration Application [re bail]	—	Cais i Ailystyried [mechnïaeth]
redress	—	unioni cam
registering authority	—	awdurdod(au) cofrestru
regulatory body [of a profession]	—	corff (cyrff) rheoli [proffesiwn]
Rehabilitation of Offenders Act 1974	—	Deddf Adfer Troseddwyr 1974
rehousing authority	—	awdurdod(au) ailgartrefu
Reinsurance (Acts of Terrorism) Act 1993	—	Deddf Ailyswiriant (Gweithredoedd Terfysgol) 1993
rent to mortgage terms	—	telerau rhent-forgeisio
acquire on rent to mortgage terms	—	caffael ar delerau rhent-forgeisio
Report Stage [of a Parliamentary Bill]	—	Stad yr Adroddiad [am fesur Seneddol]
representations	—	dadleuon
consider representations	—	ystyried dadleuon
consider representations made to him/her	—	ystyried dadleuon a roddwyd iddo/iddi

residents' association	—	cymdeithas(au) trigolion
restricted capacity, *and see:*		
"capacity"	—	cymhwystra cywasgedig
and: limited capacity	—	cymhwystra cyfyngedig
retain [keep something already in one's possession]	—	ymgadw [rhywbeth sydd eisoes mewn meddiant
and: keep	—	cadw
reverse	—	gwrthdroi
reverse a burden	—	gwrthdroi baich
reverse the burden of compliance costs	—	gwrthdroi baich y costau cydymffurfio
multiple occupation	—	aml-breswyliaeth
reverse the burden of proof	—	gwrthdroi baich profi'r achos, g. baich y prawf
right	—	hawl(iau)
new rights over land	—	hawliau newydd dros dir
right to acquire	—	[yr] hawl i gaffael
right to buy	—	[yr] hawl i brynu
road proposal by private body	—	cynnig (cynigion) ffyrdd gan gorff (gyrff) cyhoeddus
Road Traffic (Driving Instruction by Disabled Persons) Act 1993	—	Deddf Traffig y Ffyrdd (Hyfforddiant Gyrru gan Rai Anabl) 1993
Road Traffic (New Drivers) Act 1995	—	Deddf Traffig y Ffyrdd (Gyrwyr Newydd) 1995
Road Traffic Regulation (Special Events) Act 1994	—	Deddf Rheoli Traffig y Ffyrdd (Achlysuron Arbennig) 1994
Roll of Solicitors (Keeping of the Roll) Regulations 1989	—	Rheoliadau Rhôl y Cyfreithwyr (Cadw'r Rhôl) 1989

S

Sale and Supply of Goods Act 1994	—	Deddf Gwerthiant a Chyflenwad Nwyddau 1994
Sale of Goods (Amendment) Act 1995	—	Deddf (Newid) Gwerthiant Nwyddau 1995

sample	—	sampl(au)
body sample	—	sampl corfforol
intimate body sample	—	sampl corfforol preifat
non-intimate body sample	—	sampl corfforol amhreifat

School Teachers' Pay and Conditions Act 1991 — Deddf Tâl ac Amodau Gwaith Athrawon Ysgol 1991

Scientific Support Unit [Police] — Uned Cefnogaeth Wyddonol [yr Heddlu]

section, to section — neilltuo, peri neilltuo
[cause a person to be compulsorily committed to a psychiatric hospital under the *sections* of the Mental Health Act 1983] [rhywun yn orfodol i ysbyty seiciatryddol o dan *adrannau* Deddf Iechyd Meddwl 1983]
   sectioned, he/she was sectioned — cafodd ei neilltuo, neilltuwyd ef/hi

sectionable — neilltuadwy

sectioning *n* — neilltuad(au)
[the act of sectioning] [y weithred o roddi o'r neilltu]

Secure Training Order [young offenders] . — Gorchymyn Hyfforddi Dalfa'r Ifanc [troseddwyr ifanc]

self-motivated — hunan-gymhellol

Severn Bridges Act 1992 — Deddf Pontydd Hafren 1992

sewage undertaker — ymgymerwr (ymgymerwyr) carthffosiaeth

sewer	—	carthffos(ydd)
but: sewage	—	carthion
but: sewerage	—	carthffosiaeth

sewer(s) within [the] property — carthffos(ydd) o fewn [yr] eiddo

Sex Discrimination Act 1975 — Deddf Camwahaniaethu ar Sail Rhyw 1975
   discriminatory advertisement — hysbyseb camwahaniaethol
   indirect discrimination — camwahaniaethu anuniongyrchol

simplified planning zone — rhanbarth(au) cynllunio wedi'i (wedi'u) symleiddio

Small Claims Court — Llys Mân-Ddyledion, Ll. Hawliadau Bychain

Smoke Detectors Act 1991 — Deddf Datguddwyr Mwg 1991

"snout", *see:* "tout"

Social Security Act 1993	—	Deddf Nawdd Cymdeithasol 1993
Social Security Administration Act 1992	—	Deddf Gweinyddu Nawdd Cymdeithasol 1992
Solicitors' Indemnity Fund	—	Cronfa Indemniad y Cyfreithwyr
South Africa Act 1995	—	Deddf De Affrica 1995
sovereign	—	sofran
sovereignty	—	sofraniaeth
joint sovereignty	—	cyd-sofraniaeth
shared soverignty	—	sofraniaeth gyfrannol
special capacity covenant(s)	—	cyfamod(au) cymhwyster arbennig
specified	—	dynodedig
specify	—	dynodi
speculative search	—	chwiliad(au) hapddyfalu
speedometer	—	cloc(iau) cyflymdra
standard *a* [according to context]	—	safonol/arferol [yn ôl y cyd-destun]
standard conditions	—	amodau safonol [*nid:* "arferol"]
standing committee	—	pwyllgor(au) sefydlog
Statute Law Revison (Isle of Man) Act 1991	—	Deddf Adolygu Cyfraith Statudau (Ynys Manaw) 1991
statutory	—	statudol
statutory board	—	bwrdd statudol
statutory function(s)	—	swyddogaeth(au) statudol
statutory maximum	—	uchafswm statudol, uchafrif s.
statutory minimum	—	isafswm statudol, isafrif s.
statutory title guarantee	—	gwarant teitl statudol
Still-Birth (Definition) Act 1992	—	Deddf (Diffinio) Marw-Enedigaeth 1992
strategy	—	strategaeth
[the] case strategy	—	strategaeth [yr] achos
street works authority	—	awdurdod gwaith strydoedd
stress	—	straen
liable for stress	—	atebol am beri straen
stress factor	—	y ffactor straen
stressful	—	straengar

sub-sale	—	is-werthiant (is-werthiannau)
subsidiarity[1]	—	cyfrifolaeth[1]
substance	—	sylwedd(au)
hazardous substance	—	sylwedd peryglus
Sunday Trading Act 1994	—	Deddf Masnachu ar y Sul 1994
supplement [e.g., to a law book]	—	atodlyfr(au) [e.e., i gyfrol gyfreithiol]
Supreme Court Group's Customer Care Working Party	—	Gweithgor Gofal Cwsmeriaid Grŵp y Goruchel Lys

T

tamper-proof	—	gwrth-ymyrraeth
tamper-proof copy	—	copi gwrth-ymyrraeth
tamper-proof devices	—	dyfeisiadau gwrth-ymyrraeth
tape [for a tape-recorder]	—	tâp (tapiau) [i recordydd-tâp]
master tape	—	prif dâp
tape recorder	—	recordydd tâp
taped interview, i. on tape	—	cyfweliad tâp, c. ar dâp
twin-tape system	—	system tâp deuol
"working copy" tape	—	tâp "copi gweithio"
tenancy	—	tenantiaeth(au)
expiration of tenancy	—	diwedd tenantiaeth
furnished tenancy	—	tenantiaeth ddodrefnedig, t. â dodrefn
[*unfurnished tenancy*	—	*tenantiaeth ddiddodrefn*]
long tenancy	—	tenantiaeth hir
qualifying tenancy	—	tenantiaeth gymhwysol
short tenancy	—	tenantiaeth fer
superior tenancy	—	tenantiaeth uwch
terminologist	—	termegydd(ion)
thereupon	—	ar hynny
and: hereupon	—	ar hyn

[1] Yn ôl Arglwydd Cledwyn: "Y gair Cymraeg gorau a glywais i am '*subsidiarity*' ydi '*cyfrifolaeth*', sy mewn gwirionedd yn rhagori ar y Saesneg oherwydd ei fod yn pwysleisio yr elfen o 'gyfrifoldeb' sy'n rhan o'r egwyddor. Agwedd ar ddatganoli yw '*subsidiarity*'. Mae'r term yn dynodi corff o ddeddfau a rheoliadau sy'n dal i fod yn gyfrifoldeb yr aelod-wladwriaeth o'r Undeb Ewropeaidd, yn hytrach na Brwsel." [*Darlith Cymru Heddiw, Eisteddfod Genedlaethol Cymru, Bro Colwyn 1995.*] Credir mai bathiad/addasiad yr Athro Emeritws Dafydd Jenkins yw'r gair.

[1] *According to Lord Cledwyn: "The best Welsh word I've heard for* 'subsidiarity' *is* 'cyfrifolaeth' (responsible-ness) *which is in fact better than the English as it emphasises the element of* 'responsibility', *which is an essential part of the principle. Subsidiarity is an aspect of devolution. The term denotes a body of rules and regulations which remain the responsibility of member-states of the European Union, rather than Brussels."* [Wales Today Lecture, National Eisteddfod of Wales, Bro Colwyn 1995.] *It is believed that the word was coined/adapted by Professor Emeritus Dafydd Jenkins.*

[A]"tout", "grass", "snout" [Police
   informer] — "prepiwr" [hysbyswr yr Heddlu]
   and: "supergrass" — "archbrepiwr"

[B]"tout" [unlicensed seller] — "hwrjiwr" [gwerthwr didrwydded]
   "ticket tout" — "hwrjiwr tocynnau"

Trade Marks (EC [*European Community*]
**Measures relating to Counterfeit
Goods) Regulations 1995** — Rheoliadau Nodau Masnach
      (Mesurau CE [*Cymuned Ewrop*]
      parthed Nwyddau Ffug) 1995

Trade Union Act 1984 — Deddf Undebau Llafur 1984

traffic scheme — cynllun(iau) traffig, c. trafnidiaeth

Training Contract [*sometimes or formerly:*
   "Articles of Clerkship"] — Contract Hyfforddi [*weithiau neu
      gynt:* "Erthyglau Clerciaeth"]

transaction — trafodiad(au) (trafodion)
   and: discussion — trafodaeth

transactional case — achos(ion) trafodion

transfer *n* — trosglwyddiad(au), trosglwyddo
   transfer for trial — trosglwyddo i dreial, t. i
      sefyll prawf
   transfer mechanism — peirianwaith trosglwyddo

transfer *v* — trosglwyddo
   transfer [someone] for trial — trosglwyddo [rhywun] i dreial,
      t. i sefyll ei brawf/ei phrawf

**Transport Police (Jurisdiction) Act
1994** — Deddf (Awdurdodaeth) Heddlu
      Trafnidiaeth 1994

Transport Tribunal — Y Tribiwnlys Trafnidiaeth

treasure trove inquest — cwest(au) trysor, c. t. canfyddedig

trespass — tresmasiad(au), tresmasu
   aggravated trespass — tresmasiad gwaethedig

trespassory — tresmasol
   trespassory assembly — cynulliad tresmasol

trial allocation, *see:* "allocation"

trustee in bankruptcy — ymddiriedolwr (ymddiriedolwyr)
      mewn methdaliad

U

undermentioned . . .	—	. . . a grybwyllir isod
update *n*	—	diweddariad (-au)
legal update	—	diweddariad cyfreithiol
update *v*	—	diweddaru
unfair practice(s)	—	arfer(ion) annheg
unladen weight	—	pwysau di-lwyth
urban	—	trefol
inner-urban	—	mewn-drefol
using experts	—	defnyddio arbenigwyr
utility [electricity, gas, water, etc]	—	cyfleustod(au) [trydan, nwy, dŵr, etc]
public utilities	—	cyfleustodau cyhoeddus
but: public conveniences [toilets]	—	cyfleusterau cyhoeddus [toiledau]
public utility undertaker	—	ymgymerwr cyfleustodau cyhoeddus

V

Value-Added Tax Act 1994	—	Deddf Treth ar Werth 1994
valuable consideration, *see:* "consideration"]		
VAT and Duties Tribunal	—	Y Tribiwnlys TAW a Thollau
Vehicle Excise and Registration Act 1994	—	Deddf Ecséis a Chofrestru Cerbydau 1994
victim	—	dioddefwr (dioddefwyr)
victim of assault	—	dioddefwr ymosodiad
victim of burglary	—	dioddefwr bwrgleraeth
victim of crime	—	dioddefwr trosedd
victim of rape	—	dioddefwr trais
Victim Support	—	Cefnogaeth i Ddioddefwyr
Victims' Charter, 1990	—	Siarter y Dioddefwyr, 1990
video	—	fideo(s)
forensic video	—	fideo fforensig
Video Recordings Act 1993	—	Deddf Recordiadau Fideo 1993

W

Waiver Direction	—	Cyfarwyddyd Hepgor, C. H. Hawl
Warned List	—	Y Rhestr Rybudd
water course	—	dyfrffos(ydd)
waters	—	dŵr (dyfroedd)
marine waters	—	dŵr arforol, dyfroedd a.
territorial waters	—	dŵr tiriogaethol, dyfroedd t.
tidal waters	—	dŵr llanwol, dyfroedd ll.
water authority	—	awdurdod dŵr
Welsh Water	—	Dŵr Cymru
Water (Fluoridation) Act 1985	—	Deddf (Fflwōreiddio) Dŵr 1985
Welsh Language Act 1993[1]	—	Deddf yr Iaith Gymraeg 1993[1]
Welsh Language Board	—	Bwrdd yr Iaith Gymraeg
statutory Welsh Language Board	—	Bwrdd statudol yr Iaith Gymraeg (y Bwrdd Iaith statudol)
Welsh Language Policy Statement 1992 [Lord Chancellor's Department]	—	Datganiad Polisi'r Iaith Gymraeg 1992 [Adran yr Arglwydd-Ganghellor]
Welsh language scheme	—	cynllun iaith Gymraeg
Welsh Office	—	Y Swyddfa Gymreig [*nid:* "Swyddfa *Gymraeg*"]
"with full title guarantee"[2]	—	"gyda gwarant teitl llawn"[2]
"with limited title guarantee"[2]	—	"gyda gwarant teitl cyfyngedig"[2]

---

[1] Atgynhyrchwyd y Ddeddf hon yn ei chrynswth yn Atodiad 2 [isod]. Ar ddiwedd y Geiriadur Atodol hwn, gwelir Rhestr—yn y drefn gronolegol—o Offerynnau Statudol a wnaed (rhwng 1992 a 1995) yn rhinwedd Deddfau'r Iaith Gymraeg 1967 a 1993.

[1] *This Act is reproduced in its entirety in Appendix 2 [below]. At the end of this Supplementary Dictionary appears a List—in chronological order—of the Statutory Instruments made (between 1992 and 1995) pursuant to the Welsh Language Acts, 1967 and 1993.*

[2] Mae Adran 8(4) o *Ddeddf Cyfraith Eiddo (Darpariaethau Amrywiol) 1994* yn pennu'r geiriau Cymraeg yma i gael effaith fel ag iddynt gyfateb yn union i'r geiriad Saesneg. Maent yn disodli'r allweddeiriau blaenorol, megis "perchen llesiannol = *beneficial owner*", etc. Yn ôl y Nodiadau Egluro a gyhoeddwyd gan *Legal Network* (Evershed): dylid sylwi na wnaiff unrhyw drosiad [Cymraeg] arall mo'r tro: hefyd, NA CHYFYNGIR defnydd o'r ymadroddion Cymraeg hyn i ddogfennau sy'n delio ag eiddo a leolir yng Nghymru.

[2] *Section 8(4) of the* Law of Property (Miscellaneous Provisions) Act 1994 *prescribed these Welsh words to have effect so as to correspond exactly to the English wording. They supersede the former key words, such as "beneficial owner" = perchen llesiannol", etc. According to the Explanatory Notes published by* Legal Network *(Evershed): it should be noted that no other [Welsh] translation will do: also, that the use of these Welsh expressions is NOT LIMITED to documents dealing with property situate in Wales.*

word	—	gair (geiriau)
"delete the inapplicable words"	—	"dilëer y geiriau amherthnasol"

working day	—	diwrnod(au) gwaith
after two working days	—	ymhen dau ddiwrnod gwaith, ar ôl d. dd. g.
within two working days	—	o fewn dau ddiwrnod gwaith

XYZ

young offenders' institution	—	sefydliad(au) troseddwyr ifanc

young person(s), young people	—	ieuant (ieuaint) [GPC-1688], pobl ifainc

zone	—	ardal(oedd), parth/rhanbarth(au)
enterprise zone	—	ardal fenter
parking zone	—	ardal barcio, rh. parcio
[*no parking zone*	—	*ardal gwahardd parcio*]
pedestrian zone	—	parth cerddwyr
smokeless zone	—	ardal ddi-fwg, rh. dd-f.

Zoo Licensing Act 1981	—	Deddf Trwyddedu Sŵau[1] 1981

---

[1] Gwelir y ffurf luosog yma yn GAG, 1995. / *This plural form is to be seen in GAG, 1995.*

OFFERYNNAU STATUDOL
STATUTORY INSTRUMENTS

GWNAED Y RHAIN RHWNG 1992 A 1995 YN RHINWEDD DEDDFAU'R IAITH
GYMRAEG 1967 A 1993.
*THESE WERE MADE BETWEEN 1992 AND 1995 PURSUANT TO THE WELSH LANGUAGE
ACTS 1967 AND 1993.*

D.S. Troswyd y gair *"amendment"* yn *"diwygio"* yn rhai o'r Offerynnau Statudol hyn. Yn nhyb yr
Awdur, dylid bod wedi defnyddio'r gair *"newid"*, gan adael y gair *"diwygio"* ar gyfer trosi *"reform"*
[Diwygio'r Gyfraith = *Law Reform:* Deddfau Diwygio Addysg = *Educational Reform Acts*]. Gan hynny,
mae'r trosiadau isod yn anghywir yn hynny o beth. [A gw. hefyd y troednod ar d. 61 o'r *Geiriadur.*]
At hynny, weithiau gwelir *"diwygio"*, dro arall *"diwygiad"*, yn y cyfieithiadau swyddogol: er mwyn
cysondeb, ni ddefnyddiwyd ond *"diwygio"* yma. Rhaid hefyd oedd newid *"dogfenni"* i *"dogfennau"*:
canys dyna'r unig ffurf luosog ar *"dogfen"* a rydd *GPC a GAG.*

N.B. Some of these Statutory Instruments translate the word "amendment" *as* "diwygio". *In the view of the
Author, the word* "newid" *[change] ought to have been employed, thus leaving the word* "diwygio" *to translate*
"reform" *[Law Reform = Diwygio'r Gyfraith: Educational Reform Acts = Deddfau Diwygio Addysg].
Thus, the translations below are incorrect in that respect. [And see also the footnote on p. 61 of the* Dictionary.*] In
addition, one occasionally sees* "diwygio"; *at other times* "diwygiad" *[for* "amendment"]: *in the interests of
consistency, only* "diwygio" *is used here. It was also necessary to change* "dogfenni" *[for* "documents"] *to*
"dogfennau": *for the latter is the only plural form of* "dogfen" *given in GPC and GAG.*

**Community Charges and Non-Domestic Rating (Demand Notices) (Wales)
(Amendment) Regulations 1992**
Rheoliadau Taliadau Cymunedol a Threthi Annomestig (Hysbysiadau Hawlio) (Cymru) (Diwygio)
1992

[*SI 92/96*]

**Community Charges (Administration and Enforcement) (Attachment of Earnings
Order) (Wales) Regulations 1992**
Rheoliadau Taliadau Cymuned (Gweinyddu a Gorfodi) (Gorchymyn Atafael Enillion) (Cymru)
1992

[*SI 92/663*]

**Housing Renovation etc. Grants (Prescribed Forms and Particulars) (Welsh Forms
and Particulars) (Amendment) Regulations 1992**
Rheoliadau Grantiau Adnewyddu Tai etc. (Ffurflenni a Manylion Penodedig) (Ffurflenni a
Manylion Cymraeg) (Diwygio) 1992

[*SI 92/759*]

**Community Charges and Non-Domestic Rating (Demand Notices) (Wales) (Amend-
ment) (No. 2) Regulations 1992**
Rheoliadau Taliadau Cymunedol a Threthi Annomestig (Hysbysiadau Hawlio) (Cymru) (Diwygio)
(Rh. 2) 1992

[*SI 92/935*]

Companies Act 1985 (Welsh Language Accounts) Regulations 1992
Rheoliadau Deddf Cwmnïau 1985 (Cyfrifon yn Gymraeg) 1992

[*SI 92/1083*]

Registration of Births and Deaths (Welsh Language) (Amendment) Regulations 1992
Rheoliadau Cofrestru Genedigaethau a Marwolaethau (Yn Gymraeg) (Diwygio) 1992

[*SI 92/1504*]

Community Charges and Non-Domestic Rating (Demand Notices) (Wales) (Amendment) (No. 3) Regulations 1992
Rheoliadau Taliadau Cymunedol a Threthi Annomestig (Hysbysiadau Hawlio) (Cymru) (Diwygio)
[*SI 92/1530*]

Council Tax (Administration and Enforcement) (Attachment of Earnings Order) (Wales) Regulations 1992
Rheoliadau Treth Cyngor (Gweinyddu a Gorfodi) (Gorchymyn Atafael Enillion) (Cymru) 1992
[*SI 92/1741*]

Non-Domestic Rating (Demand Notices) (Wales) Regulations 1993
Rheoliadau Trethi Annomestig (Hysbysiadau Hawlio) (Cymru) 1993

[SI 93/252]

Food Premises (Registration) (Welsh Form of Application) Regulations 1993
Rheoliadau Adeiladau Bwyd (Cofrestru) (Ffurflen Gais Gymraeg) 1993
[*SI 93/1270*]

Non-Domestic Rating (Demand Notices) (Wales) (Amendment) Regulations 1993
Rheoliadau Trethi Annomestig (Hysbysiadau Hawlio) (Cymru) (Diwygio) 1993
[*SI 93/1506*]

Rent Act 1977 (Forms etc.) (Welsh Forms and Particulars) Regulations 1993
Rheolidadau Deddf Rhenti 1977 (Ffurflenni etc.) (Ffurflenni a Manylion Cymraeg) 1993
[*SI 93/1511*]

Welsh Language Act 1993 (Commencement) Order 1994
Gorchymyn (Cychwyn) Deddf yr Iaith Gymraeg 1993, 1994
[*SI 94/115*]

Companies (Welsh Language Forms and Documents) Regulations 1994
Rheoliadau Cwmnïau (Ffurflenni a Dogfennau Cymraeg) 1994
[*SI 94/117*]

Non-Domestic Rating (Demand Notices) (Wales) (Amendment) Regulations 1994
Rheoliadau Trethi Annomestig (Hysbysiadau Hawlio) (Cymru) (Diwygio) 1994
[*SI 94/415*]

Housing Renovation etc. Grants (Prescribed Forms and Particulars) (Welsh Forms and Particulars) Regulations 1994
Rheoliadau Grantiau Adnewyddu Tai etc. (Ffurflenni a Manylion Penodedig) (Ffurflenni a Manylion Cymraeg) 1994
[*SI 94/693*]

Rent Act 1977 (Forms, etc.) (Welsh Forms and Particulars) (Amendment) Regulations 1994
Deddf Rhenti 1977 (Ffurflenni, etc.) (Ffurflenni a Manylion Cymraeg) (Diwygio) 1994
[*SI 94/725*]

Companies (Welsh Language Forms and Documents) (Amendment) Regulations 1994
Rheoliadau Cwmnïau (Ffurflenni a Dogfennau Cymraeg) (Diwygio) 1994
[*SI 94/727*]

Environmentally Sensitive Areas Designation (Radnor) (Welsh Language Provisions) Order 1994
Gorchymyn Dynodi Ardaloedd o Sensitifrwydd Amgylcheddol Arbennig (Maesyfed) (Darpariaethau Cymraeg) 1994
[*SI 94/1989*]

Environmentally Sensitive Areas Designation (Ynys Môn) (Welsh Language Provisions) Order 1994
Gorchymyn Dynodi Ardaloedd o Sensitifrwydd Amgylcheddol Arbennig (Ynys Môn) (Darpariaethau Cymraeg) 1994

[SI 94/1990]

Welsh Language (Names for Police Authorities in Wales) Order 1994
Gorchymyn Iaith Gymraeg (Enwau ar Awdurdodau Heddlu yng Nghymru) 1994

[SI 94/2736]

Housing Renovation etc. Grants (Prescribed Forms and Particulars) (Welsh Forms and Particulars) (Amendment) Regulations 1994
Rheoliadau Grantiau Adnewyddu Tai etc. (Ffurflenni a Manylion Penodedig) (Ffurflenni a Manylion Cymraeg) (Diwygio) 1994

[SI 94/2765]

Alternative Names in Welsh Order 1994
Gorchymyn Enwau Cyfatebol yn Gymraeg 1994

[SI 94/2889]

Housing (Right to Buy Delay Procedure) (Prescribed Forms) (Welsh Forms) Regulations 1994
Rheoliadau Tai (Gweithdrefn Oediad Hawl i Brynu) (Ffurflenni Penodedig) (Ffurflenni Cymraeg) 1994
[SI 94/2931]

Housing (Right to Buy) (Prescribed Forms) (Welsh Forms) Regulations 1994
Rheoliadau Tai (Hawl i Brynu) (Furflenni Penodedig) (Ffurflenni Cymraeg) 1994

[SI 94/2932]

Forms of Entry for Parental Orders Regulations 1994
Rheoliadau Ffurflenni Cais ar gyfer Gorchmynion Rhieni 1994

[SI 94/2981]

Education (Special Educational Needs) (Prescribed Forms) (Welsh Forms) Regulations 1995
Rheoliadau Addysg (Anghenion Addysgol Arbennig) (Ffurflenni Penodedig) (Ffurflenni Cymraeg) 1995

[SI 95/45]

Non-Domestic Rating (Demand Notices) (Wales) (Amendment) Regulations 1995
Rheoliadau Trethi Annomestig (Hysbysiadau Hawlio) (Cymru) (Diwygio) 1995

[SI 95/284]

Companies (Welsh Language Forms and Documents) (Amendment) Regulations 1995
Rheoliadau Cwmnïau (Diwygio) (Ffurflenni a Dogfennau Cymraeg) 1995

[SI 95/734]

Registration of Births and Deaths (Welsh Language) (Amendment) Regulations 1995
Rheoliadau Cofrestru Genedigaethau a Marwolaethau (Cymraeg) (Diwygio) 1995

[SI 95/818]

Elections (Welsh Forms) Order 1995
Gorchymyn Etholiadau (Ffurflenni Cymraeg) 1995

[SI 95/830]

Housing Renovation etc. Grants (Prescribed Forms and Particulars) (Welsh Forms and Particulars) (Amendment) Regulations 1995
Rheoliadau Grantiau Adnewyddu Tai etc. (Ffurflenni a Manylion Penodedig) (Ffurflenni a Manylion Cymraeg) (Diwygio) 1995

[*SI 95/857*]

Companies (Welsh Language Forms and Documents) (No. 2) Regulations 1995
Rheoliadau Cwmnïau (Ffurflenni a Dogfennau Cymraeg) (Rh. 2) 1995

[*SI 95/1480*]

Companies (Welsh Language Forms and Documents) (No. 3) Regulations 1995
Rheoliadau Cwmnïau (Ffurflenni a Dogfennau Cymraeg) (Rh. 3) 1995

[*SI 95/1508*]

YMADRODDION ATODOL
SUPPLEMENTARY PHRASEOLOGY

Bu newidiadau mawr mewn nifer o faterion cyfraith er pan gyhoeddwyd y *Geiriadur* yn 1992. Am nifer o resymau, deddfwyd i newid trefn Ymchwiliadau Troseddol. Gwnaed hyn yn bennaf trwy ddileu'r hynafol Hawl i Aros yn Ddistaw, gan ganiatáu, bellach, i'r Llys dynnu casgliadau o'r distawrwydd hwnnw. Cynhwyswyd y newidiadau uchod—a sawl newid arall—yn y *Ddeddf Cyfiawnder Troseddol a Threfn Gyhoeddus 1994.*

Yn sgîl y Ddeddf honno, bu raid newid y *Codau Ymarfer* a grëwyd gan *Ddeddf yr Heddlu a Thystiolaeth Droseddol 1984* [PACE]. Parodd hynny hefyd ail-eirio holl Rybuddion yr Heddlu.

At y newidiadau hynny, ym maes Trawsgludo Eiddo, newidiwyd y Cyfamodau Teitl yn llwyr gan *Ddeddf Cyfraith Eiddo (Darpariaethau Amrywiol) 1994,* a chan y *Rheolau Cofrestru Tir (Cyfamodau Teitl Ymhlyg) 1995* a ddilynodd y Ddeddf honno.

Cynnwys yr Atodiad hwn, yn bennaf, ddarparíaethau Côd C o'r *Codau Ymarfer,* lle bo sefyllfa'r Gymraeg dan sylw, ynglŷn â ffurfiau diwygiedig y saith Rhybudd. Yn eu dilyn, fe welir rhai cymalau drafft sy'n ymgorffori yr allweddeiriau newydd a grëwyd ar gyfer Trawsgludiadau a Throsglwyddiadau eiddo o bob math.

Yna, yn dilyn—megis yn y *Geiriadur*—ceir *Amryfal Ddiffiniadau* ac *Ymadroddion Byr.*

There have been great changes in a number of legal matters since the publication of the Dictionary *in 1992. For a number of reasons, changes in the Criminal Investigation procedures have been enacted. This was done mainly by abolishing the ancient Right to Remain Silent, by permitting the Court to draw inferences from that silence. These changes—together with many others—were contained in the* Criminal Justice and Public Order Act 1994.

In consequence of that Act, it became necessary to change the Codes of Practice *created by the* Police and Criminal Evidence Act 1984 [PACE]. *This also involved re-wording all the Police Cautions.*

In addition to those changes, in the field of Property Conveyancing, the Covenants on Title were changed completely by the Law of Property (Miscellaneous Provisions) Act 1994 *and by the* Land Registration (Implied Covenants for Title) Rules 1995 *which followed that Act.*

This Appendix contains, mainly, the provisions of Code C of the Codes of Practice, *insofar as they relate to the Welsh language, together with the revised forms of the seven Cautions. Following them are to be found some draft clauses incorporating the new key words created for use in Conveyances and Transfers of property of all descriptions.*

Subsequently—as in the Dictionary—*there follow* Various Definitions *and* Short Phrases.

I

RHESYMAU A LEISIWYD DROS NEWID
TREFN YR YMCHWILIADAU TROSEDDOL
　YN 1995

*REASONS EXPRESSED FOR AMENDING
THE CRIMINAL INVESTIGATION
　PROCEDURES IN 1995*

II

Y CÔD C NEWYDD [LLE BO'R IAITH
　GYMRAEG DAN SYLW]

*THE NEW CODE C [INSOFAR AS
CONCERNS THE WELSH LANGUAGE]*

III

Y RHYBUDDION NEWYDD [1995]

THE NEW CAUTIONS [1995]

IV

Y TRAWSGLUDO NEWYDD [1995]

THE NEW CONVEYANCING [1995]

V

AMRYFAL DDIFFINIADAU, ETC

VARIOUS DEFINITIONS, ETC

VI

YMADRODDION BYR

SHORT PHRASES

YMADRODDION ATODOL
SUPPLEMENTARY PHRASEOLOGY

I

Rhesymau a leisiwyd dros newid Trefn Ymchwiliadau Troseddol yn 1995
Reasons expressed for amending Criminal Investigation Procedures in 1995

1. "Justice is made a mockery . . . and the credibility of the system is undermined whenever a guilty person walks free because, for example, technical loopholes have been exploited, prosecution witnesses wrongly discredited, jurors improperly influenced, or victims intimidated."
— The Royal Commission on Criminal Justice

"Gwneir cyfiawnder yn destun sbort . . . a thanseilir hygrededd y system bob tro y rhyddheir rhywun euog, oherwydd, er enghraifft, y manteisiwyd ar fylchau technegol, y bwriwyd amheuaeth ar gam ar dystion yr erlyniad, y dylanwadwyd yn amhriodol ar reithwyr, neu am fod dioddefwyr wedi cael eu dychrynu."
—Y Comisiwn Brenhinol ar Gyfiawnder Troseddol

---

2. "There can be no doubt that the current arrangements [on disclosure of evidence] have undermined public confidence in the criminal justice system by creating a gap between law and justice."
—Rt Hon Michael Howard, QC, MP, Home Secretary, 16.5.95

"Nid oes unrhyw amheuaeth nad yw'r trefniadau presennol [ynglŷn â dadlennu tystiolaeth] wedi tanseilio hyder y cyhoedd yn y system cyfiawnder troseddol drwy greu gagendor rhwng y gyfraith a chyfiawnder."
—Y Gw Anrh Michael Howard, CF, AS, Ysgrifennydd Cartref, 16.5.95

---

3. "There is widespread public impatience with the present trial process in England and Wales and a feeling that too much of the system may resemble a game and too little a serious examination of the truth."
—Jack Straw, MP, Shadow Home Secretary, 16.5.95

"Mae'r cyhoedd yn gyffredinol yn anfodlon ar y broses dreialon bresennol yng Nghymru a Lloegr: maent o'r farn y gallai gormod o'r system fod yn debyg i gêm, heb ddigon o ymchwilio taer am y gwirionedd."
—Jack Straw, AS, Ysgrifennydd Cartref yr Wrthblaid, 16.5.95

II

Y Côd C newydd [1995]
The new Code C [1995]

DEDDF YR HEDDLU A THYSTIOLAETH DROSEDDOL 1984 [PACE];
DEDDF CYFIAWNDER TROSEDDOL A THREFN GYHOEDDUS 1994:
[Yma dyfynnir yr amryfal Baragraffau a Nodiadau sy'n ymwneud â'r Gymraeg ac ieithoedd eraill heblaw'r Saesneg]:
D.S. Mae'r Côd hwn mewn grym yn ddiwahaniaeth drwy Gymru a Lloegr.

POLICE AND CRIMINAL EVIDENCE ACT 1984 [PACE];
CRIMINAL JUSTICE AND PUBLIC ORDER ACT 1994:
[*Quoted here are the various Paragraphs and Notes relating to the Welsh language and languages other than English*]:
N.B. This code is in force without variation throughout England and Wales.

Section 3.6:
If the person appears to be deaf or there is doubt about his hearing or speaking ability or ability to understand English, and the custody officer cannot establish effective communication, the custody officer must as soon as practicable call an interpreter and ask him to provide the information required above. [See Section 13 (below)]

Adran 3.6:

Os ymddengys fod rhywun yn fyddar neu bod amheuaeth ynglŷn â'i allu i glywed neu i siarad, neu ei allu i ddeall Saesneg, ac os na fedr y swyddog cadwraeth gyfathrebu yn effeithlon ag ef, mae'n rhaid i'r swyddog cadwraeth, cyn gynted ag y bo'n ymarferol, alw cyfieithydd a gofyn i hwnnw gyflenwi'r wybodaeth y gofynnir amdani uchod [Gw. Adran 13 (isod)]

NOTES FOR GUIDANCE
[re rights, interviews, meals, medical treatment, etc]:

Note 3B
In addition to the notices in English, translations should be available in Welsh, the main ethnic minority languages and the principal European languages whenever they are likely to be helpful.

NODIADAU DEHONGLI
[parthed hawliau, cyfweliadau, prydau bwyd, triniaeth feddygol, etc]:

Nodyn 3B
Yn ogystal â'r hysbysiadau yn Saesneg, dylai fod cyfieithiadau ar gael i'r Gymraeg, y prif ieithoedd lleiafrifol ethnig a'r prif ieithoedd Ewropeaidd, pa bryd bynnag y maent yn debygol o fod yn ddefnyddiol.

Note 3D
Most local authority Social Services Departments can supply a list of interpreters who have the necessary skills and experience to interpret for deaf people at police interviews. The local Community Relations Council may be able to provide similar information in cases where the person concerned does not understand English.

Nodyn 3D
Gellir cael gan y rhan fwyaf o Adrannau Gwasanaethau Cymdeithasol yr awdurdodau lleol restr o gyfieithwyr sydd â'r sgiliau angenrheidiol i drosi i'r byddar mewn cyfweliadau heddlu. Gall y Cyngor Perthnasoedd Cymunedol lleol gyflenwi gwybodaeth gyfatebol mewn achosion lle bo'r sawl sydd dan sylw heb fedru Saesneg.

Note 5A
An interpreter may make a telephone call or write a letter on a person's behalf.

Nodyn 5A
Gall cyfieithydd wneud galwad ffôn neu sgrifennu llythyr ar ran rhywun.

Note 6H
In addition to a poster in English advertising the right to legal advice, a poster or posters containing translations into Welsh[1], the main ethnic minority languages[1] and the principal European languages should be displayed wherever they are likely to be helpful and it is practical to do so.

Nodyn 6H
Yn ogystal â phoster yn Saesneg yn hysbysu'r hawl i gyngor cyfraith, dylid arddangos poster neu bosteri yn cynnwys trosiadau i'r Gymraeg[1], y prif ieithoedd lleiafriol ethnig[1] a'r prif ieithoedd Ewropeaidd lle bynnag y bônt yn debygol o fod o gymorth ac y bo'n ymarferol gwneud hynny.

Section 13. INTERPRETERS
[AUTHOR'S NOTE: The rules below clearly need not apply where a Welsh-speaker is interviewed by a Welsh-speaking officer.]

Adran 13. CYFIEITHWYR
[NODYN GAN YR AWDUR: Mae'n amlwg nad oes angen cymhwyso'r rheolau isod pan gyfwelir siaradwr Cymraeg gan swyddog sydd hefyd yn siaradwr Cymraeg.]

(a) General

Section 13.1
Information on obtaining the services of a suitably qualified interpreter for the deaf or for people who do not understand English is given in *Note for Guidance 3D* [above].

(a) Cyffredinol

Adran 13.1
Ceir gwybodaeth yn Nodyn Dehongli 3D [uchod] ar gyfer cael gwasanaeth cyfieithydd priodol-gymwys ar gyfer y byddar neu'r rhai nad ydynt yn deall Saesneg.

(b) Foreign languages[2]

Section 13.2
Except in accordance with paragraph 11.1[3] or unless Annex C[4] applies, a person must not be interviewed in the absence of a person capable of acting as interpreter if:
   (a) he has difficulty in understanding English;
   (b) the interviewing officer cannot speak the person's own language; and
   (c) the person wishes an interpreter to be present.

---

[1] Gw. Atodiad 7.
[1] *See Appendix 7.*

[2] Go brin y cynhwysir y Gymraeg yma, serch y gallai sefyllfa fel hyn fodoli.
[2] *It is unlikely that Welsh is included here, though this situation could arise.*

[3] Cyfeiria para 11.1. at gyfweliadau yn gyffredinol.
[3] *Para 11.1 refers to interviews generally.*

[4] Cyfeiria Atodair C at y rhai a ddrwgdybir sy'n arbennig o archolladwy, a lle bo brys.
[4] *Annex C refers to suspects who are particularly vulnerable, and where there is urgency.*

(b) Ieithoedd tramor[1]

Adran 13.2

Ac eithrio lle bo'n unol â pharagraff 11.1[2] neu oni bo Atodair C[3] yn berthnasol, ni chaniateir cyfweld neb yn absen rhywun a fedr weithredu fel cyfieithydd os:

(a) yw yn cael anhawster i ddeall Saesneg;

(b) na fedr y swyddog cyfweld siarad priod iaith y sawl a gyfwelir; a

(c) dymuna'r sawl a gyfwelir gael cyfieithydd yn bresennol.

Section 13.3.

The interviewing officer shall ensure that the interpreter makes a note of the interview at the time in the language of the person being interviewed for use in the event of his being called to give evidence, and certifies its accuracy. He shall allow sufficient time for the interpreter to make a note of each question and answer after each has been put or given and interpreted. The person shall be given an opportunity to read it or have it read to him and sign it as correct or to indicate the respects in which he considers it inaccurate. If the interview is tape-recorded the arrangements set out in Code E[4] apply.

Adran 13.3

Rhaid i'r swyddog cyfweld ymorol fod y cyfieithydd yn sgrifennu nodyn o'r cyfweliad ar y pryd yn iaith y sawl a gyfwelir, ac yn cadarnhau ei fod yn gywir, rhag ofn y gelwir arno [y cyfieithydd] i roi tystiolaeth. Rhaid iddo adael digon o amser i'r cyfieithydd i wneud nodyn o bob cwestiwn ac ateb, ar ôl pob gofyn a phob ateb, a'u cyfieithu. Fe roir cyfle i'r sawl a gyfwelir i'w ddarllen (neu i beri i rywun ei ddarllen iddo), a'i arwyddo fel datganiad cywir neu i ddynodi ym mha ffordd yr ystyria nad yw'n gywir. Os bydd y cyfweliad wedi ei gofnodi ar dâp, bydd y trefniadau a welir yn y Côd E[4] mewn grym.

Section 13.4

In the case of a person making a statement in a language other than English:

(a) the interpreter shall take down the statement in the language in which it is made;

(b) the person making the statement shall be invited to sign it; and

(c) an official English translation shall be made in due course.

Adran 13.4

Mewn achos lle bo rhywun yn gwneud datganiad mewn iaith heblaw Saesneg:

(a) rhaid i'r cyfieithydd gofnodi'r datganiad yn yr iaith y gwnaed ef ynddi;

(b) gwahoddir y sawl a wnaeth y datganiad i'w arwyddo; a

(c) gwneir cyfieithiad swyddogol yn Saesneg maes o law.

---

[1] Go brin y cynhwysir y Gymraeg yma, serch y gallai sefyllfa fel hyn fodoli.
[1] *It is unlikely that Welsh is included here, though this situation could arise.*

[2] Cyfeiria para 11.1. at gyfweliadau yn gyffredinol.
[2] *Para 11.1 refers to interviews generally.*

[3] Cyfeiria Atodair C at y rhai a ddrwgdybir sy'n arbennig o archolladwy, a lle bo brys.
[3] *Annex C refers to suspects who are particularly vulnerable, and where there is urgency.*

[4] Delia Côd E â chyfweliadau tâp. Yr un yw'r rheolau, ac eithrio'r rheidrwydd i'r cyfieithydd gadw cofnod ysgrifenedig.
[4] *Code E deals with taped interviews. The rules are the same, save for the requirement that the interpreter shall keep a written note.*

Note 13A

If the interpreter is needed as a prosecution witness at the person's trial, a second interpreter must act as the court interpreter.

Nodyn 13A

Os bydd angen y cyfieithydd yn dyst dros yr erlyniad yn nhreial y sawl a gyfwelir, rhaid cael cyfieithydd arall i weithredu fel cyfieithydd y llys.

III

Y Rhybuddion Newydd [1995]
The New Cautions [1995]

[Deddf yr Heddlu a Thystiolaeth Droseddol 1984, a oedd wedi disodli Rheolau'r Barnwyr 1964 (fel y newidiwyd hwy ymhellach gan Ddeddf Cyfiawnder Troseddol a Threfn Gyhoeddus 1994)]. Mae'r Rhybuddion newydd mewn grym o'r 10fed Ebrill 1995.

D.S. Meddai Paragraff 10.4 o'r Côd: "Nid yw gwyriadau mân [yn y geiriad] yn torri'r rheol cyn belled ag y byddir wedi glynu wrth ystyr y geiriau." Meddai Nodyn 10C o'r Côd: "Os yw'n ymddangos bod rhywun heb ddeall ystyr y rhybudd, dylai'r swyddog a'i rhoddodd fynd ymlaen i'w egluro yn ei eiriau ei hun."

[Police and Criminal Evidence Act 1984, which had superseded the Judges' Rules 1964 (as further amended by the Criminal Justice and Public Order Act 1994)]. The new Cautions came into effect on 10th April 1995.

N.B. Para 10.4 of the Code states: "Minor deviations [in the wording] do not constitute a breach of this requirement provided that the sense is preserved." Note 10C of the Code states: "If it appears that a person does not understand what the caution means, the officer who has given it should go on to explain it in his own words."

---

1. [Upon arrest, or before questioning]

"You do not have to say anything. But it may harm your defence if you do not mention, <u>when questioned,</u> something which you later rely on in court. Anything you do say may be given in evidence."

> *[Wrth arestio, neu cyn holi]*
> **"Nid oes raid ichi ddweud dim. Ond fe all fod yn niweidiol i'ch amddiffyniad os na chrybwyllwch, <u>pan holir chi,</u> rywbeth y byddwch yn dibynnu arno yn ddiweddarach mewn llys. Gellir defnyddio unrhyw beth a ddywedwch fel tystiolaeth."**

Gellir hefyd ddefnyddio fersiwn sy'n fwy llafar, e.e.:
A more colloquial version may also be used, e.g.:

> **"Does dim rhaid ichi ddweud dim. Ond fe all wneud drwg i'ch achos os na ddwedwch chi, <u>wrth gael eich holi,</u> rywbeth y byddwch chi'n dibynnu arno fo [fe] ymhellach ymlaen mewn llys [barn]. Fe ellir defnyddio unrhyw beth a ddwedwch fel tystiolaeth."**

---

2. [When a person is charged or informed that he/she may be prosecuted]

"You do not have to say anything. But it may harm your defence if you do not mention <u>now</u> something which you later rely on in court. Anything you do say may be given in evidence."

[Pan fyddir yn cyhuddo rhywun neu'n ei hysbysu y gellir ei h/erlyn]

"Nid oes raid ichi ddweud dim. Ond fe all fod yn niweidiol i'ch amddiffyniad os na chrybwyllwch <u>yn awr</u> rywbeth y byddwch yn dibynnu arno yn ddiweddarach mewn llys. Gellir defnyddio unrhyw beth a ddywedwch fel tystiolaeth."

Fersiwn mwy llafar:
More colloquial version:

"Does dim rhaid ichi ddweud dim. Ond fe all wneud drwg i'ch achos os na ddwedwch chi, <u>rŵan</u> [<u>nawr</u>], rywbeth y byddwch chi'n dibynnu arno fo [fe] ymhellach ymlaen mewn llys [barn]. Fe ellir defnyddio unrhyw beth a ddwedwch fel tystiolaeth."

---

3. [At the beginning of written notice of charge]

"You are charged with the offence(s) shown below. You do not have to say anything. But it may harm your defence if you do not mention <u>now</u> something which you later rely on in court. Anything you do say may be given in evidence."

[Ar ddechrau rhybudd ysgrifenedig o'r cyhuddiad]

"Fe'ch cyhuddir chi o'r trosedd(au) a nodir isod. Nid oes raid ichi ddweud dim. Ond fe all fod yn niweidiol i'ch amddiffyniad os na chrybwyllwch <u>yn awr</u> rywbeth y byddwch yn dibynnu arno yn ddiweddarach mewn llys. Gellir defnyddio unrhyw beth a ddywedwch fel tystiolaeth."

Fersiwn mwy llafar—nid oes unrhyw reswm pam na ellir hefyd ei ysgrifennu:
More colloquial version—there is no reason why it cannot also be written:

"Rydych chi'n cael eich cyhuddo o'r trosedd(au) a welwch isod. Does dim rhaid i chi ddweud dim. Ond fel all wneud drwg i'ch achos os na ddwedwch chi, <u>rŵan</u> [<u>nawr</u>], rywbeth y byddwch chi'n dibynnu arno fo [fe] ymhellach ymlaen mewn llys [barn]. Fe ellir defnyddio unrhyw beth a ddwedwch fel tystiolaeth."

---

4. [Statement written (himself/herself) by someone under caution]

"I make this statement of my own free will. I understand that I do not have to say anything but that it may harm my defence if I do not mention, <u>when questioned,</u> something which I later rely on in court. This statement may be given in evidence."

[*Datganiad a ysgrifennir (ei hunan) gan rywun a rybuddiwyd*]

"Yr wyf yn gwneud y datganiad hwn o'm gwirfodd. Yr wyf yn deall nad oes raid imi ddweud dim ond y gall fod yn niweidiol i'm hamddiffyniad os na chrybwyllaf, <u>pan holir fi</u>, rywbeth y byddaf yn dibynnu arno yn ddiweddarach mewn llys. Gellir defnyddio'r datganiad hwn fel tystiolaeth."

NODYN GAN YR AWDUR: Gan y dichon na fydd ambell un a rybuddiwyd wedi llawn ddeall y geiriad uchod, wele fersiwn isod—sy'n cyfateb i'r fersiwn llafar—y gellid ei ddefnyddio (rhag bod gwrthwynebiad i'r datganiad gerbron y Llys ar y sail nad oedd y sawl a'i arwyddodd wedi deall yr hyn a arwyddwyd ganddo/ganddi):

AUTHOR'S NOTE: Since some persons under caution may not fully understand the above wording, there follows a version—which corresponds to the colloquial version—which could be used (to aviod an objection to the statement in Court on the ground that the person who signed it did not understand what he/she was signing):

"Yr wyf yn gwneud y datganiad hwn o'm dewis fy hun. Yr wyf yn deall nad oes dim raid imi ddweud dim, ond y gall wneud drwg i'm hachos os na ddywedaf, <u>wrth imi gael fy holi</u>, rywbeth y bydda i yn dibynnu arno fo [fe] ymhellach ymlaen mewn llys [barn]. Yr wyf yn deall yn gellir defnyddio'r datganiad hwn fel tystiolaeth."

---

5. *[When the statement is written by a police officer at the request of someone under caution]*

"I, A.B., wish to make a statement. I want someone to write down what I say. I understand that I do not have to say anything but that it may harm my defence if I do not mention, <u>when questioned</u>, something which I later rely on in court. This statment may be given in evidence."

[*Pan ysgrifennir y datganiad gan heddwas/heddferch ar gais rhywun a rybuddiwyd*]

"Yr wyf i, A.B., yn dymuno gwneud datganiad. Yr wyf eisiau i rywun ysgrifennu'r hyn a ddywedaf. Yr wyf yn deall nad oes raid imi ddweud dim ond y gall fod yn niweidiol i'm hamddiffyniad os na chrybwyllaf, <u>pan holir fi</u>, rywbeth y byddaf yn dibynnu arno yn ddiweddarach mewn llys. Gellir defnyddio'r datganiad yma fel tystiolaeth."

---

6. [After a person whose statement has been written by a police officer has read that statement, and before he/she signs it]

"I have read the above statement, and I have been able to correct, alter or add anything I wish. This statement is true. I have made it of my own free will."

[*Ar ôl i'r sawl yr ysgrifennwyd ei ddatganiad/datganiad gan heddwas/heddferch ddarllen y datganiad hwnnw, a chyn iddo/iddi ei arwyddo*]

"Yr wyf wedi darllen y datganiad uchod, a chefais ei gywiro, ei newid, neu ychwanegu unrhyw beth a fynnwn. Y mae'r datganiad hwn yn wir. Yr wyf wedi ei wneud o'm gwirfodd."

---

7. [When warning a person asked to provide an intimate body sample]

"You do not have to [provide this sample] [allow this swab or impression to be taken], but I must warn you that if you refuse without good cause, your refusal may harm your case if it comes to trial."

[*Pan roir rhybudd i rywun y gofynnwyd iddo/iddi am sampl corfforol preifat*]

"Nid oes raid ichi [roi'r sampl hwn] [ganiatáu cymryd y swab neu'r argraff hwn], ond mae'n rhaid imi eich rhybuddio, os gwrthodwch wneud hynny heb reswm da, y gall eich gwrthodiad niweidio eich achos os daw gerbron llys."

IV

Y Trawsgludo Newydd [1995]
The New Conveyancing [1995]

Daeth *Deddf Cyfraith Eiddo (Darpariaethau Amrywiol) 1994* a *Rheolau Cofrestru Tir (Cyfamodau Teitl Ymhlyg) 1995* i rym ar 1af Gorffennaf 1995. Yn dilyn, ceir rhai awgrymiadau am gynseiliau y gellid eu defnyddio i gydymffurfio â'r Ddeddf ac â'r Rheolau: hefyd trosiadau o'r cynseiliau hynny i'r Gymraeg. Ni wyddys eto a fydd y rhain (yn eu ffurf Saesneg neu Gymraeg) yn effeithiol a derbyniol. **Gan hynny, pwysleisir mai awgrymiadau yn unig ydynt.**
[Bu cyfamodau teitl ymhlyg statudol mewn bodolaeth ers sbel dros ganrif: y ffurf a ddefnyddid cyn 1af Gorffennaf 1995 oedd honno a welid yn Adrannau 76 a 77 o Ddeddf Cyfraith Eiddo 1925.]

The Law of Property (Miscellaneous Provisions) Act 1994 *and the* Land Registration (Implied Covenants for Title) Rules 1995 *came into effect on 1st July 1995. There follow some suggestions for precedents which could be used to comply with the Act and with the Rules: together with translations of those precedents into Welsh. It is not yet known whether these (in their English or Welsh forms) will be effective and acceptable.* **It is therefore emphasised that they are merely suggestions.**
[*Statutory implied covenants for title have existed for well over a century: the form used before 1st July 1995 was that to be seen in Sections 76 and 77 of the Law of Property Act 1925.*]

DRAFT CLAUSES INCORPORATING THE NEW KEY WORDS:
CYMALAU DRAFFT YN YMGORFFORI'R ALLWEDDEIRIAU NEWYDD:

1. IN CONTRACTS:
The [Vendor/Seller] sells the Property to the [Purchaser/Buyer] with [full/ limited] title guarantee.

MEWN CONTRACTAU:
Mae'r Gwerthwr yn gwerthu'r Eiddo i'r Prynwr gyda gwarant teitl [llawn/ cyfyngedig].

---

2. IN ASSURANCES OF LEGAL ESTATES:
The [Vendor/Transferor/Grantor/Assignor] [conveys/transfers/grants/assigns] with [full/limited] title guarantee the Property to the [Purchaser/Transferee/ Grantee/Assignee].

MEWN SICRHADAU O YSTADAU CYFREITHIOL:
Mae'r [Gwerthwr/Trosglwyddwr/Grantwr/Aseiniwr] yn [trawsgludo/ trosglwyddo/caniatáu/aseinio] yr Eiddo i'r [Prynwr/Trosglwyddai/Grantî/ Aseinai] gyda gwarant teitl [llawn/cyfyngedig]

---

3. IN MORTGAGES[1]:
The [Mortgagor/Borrower] charges with [full/limited] title guarantee the Property to the [Mortgagee/Lender].

MEWN MORGEISI[1]:
Mae'r [morgeisiwr/cymerwr benthyg] yn arwystlo'r eiddo i'r [morgeisai/rhoddwr benthyg] gyda gwarant teitl [llawn/cyfyngedig].

4. IN LEASES:[2]

The Landlord demises with [full/limited] title guarantee the property to the Tenant.

MEWN PRYDLESOEDD:[2]

Mae'r Lan(d)lord yn prydlesu'r Eiddo i'r Tenant gyda gwarant teitl [llawn/cyfyngedig].

DRAFT CLAUSES FOR VARIATIONS OF NEW GUARANTEES:
CYMALAU DRAFFT AR GYFER AMRYWIO'R GWARANTAU NEWYDD:

5. CONTRACTUAL PROVISIONS FOR VARIATIONS OF TITLE GUARANTEES:
The title guarantees to be implied in the [Transfer/Conveyance/Assignment] to the Purchaser are to be varied by the inclusion of the following clause(s):

DARPARIAETHAU CONTRACTOL AR GYFER AMRYWIO'R GWARANTAU TEITL:
Mae'r gwarantau teitl sydd yn ymhlyg yn y [Trosgwlyddiad/Trawsgludiad/Aseiniad] i'r Prynwr i'w hamrywio drwy gynnwys y cymal(au) a ganlyn:

----

6. UNREGISTERED TITLE:
The covenants which are implied by reason of the Vendor assigning the Property with [full/limited] title guarantee do not render the Vendor liable to the Purchaser for the consequences of any breach of any of the Lease terms relating to the physical state of the Property.

TEITL DIGOFRESTR:
Nid yw'r cyfamodau sy'n ymhlyg drwy i'r Gwerthwr aseinio'r Eiddo gyda gwarant teitl [llawn/cyfyngedig] yn peri bod y Gwerthwr yn atebol am ganlyniadau unrhyw doriad o unrhyw un o delerau'r Brydles a fo'n ymwneud â chyflwr materol yr Eiddo.

---

[1] Nid yw Cyngor y Rhoddwyr Morgeisi eto—cyn yr anfonir yr Atodlyfr hwn i'r wasg—wedi rhoi unrhyw arweiniad clir ynghylch anghenion Rhoddwyr Benthyg, serch bod y cyfamodau ymhlyg a gaiff Cymerwr Benthyg gan y Gwerthwr iddo yn fwy pwysig i'r Rhoddwr Benthyg nag yw'r cyfamodau ymhlyg y gall y Cymerwr Benthyg ei hun eu rhoi i'w Roddwr Benthyg ef.

[1] *The Council of Mortgage Lenders has not—before this Supplement goes to press—given any clear guidance on Lenders' requirements, although the implied covenants which a Borrower obtains from his Vendor are more important to the Lender than the implied covenants the Borrower himself may give to his Lender.*

[2] Nid ymddengys fod y gwarantau teitl newydd yn arbennig o berthnasol i brydlesoedd byr. Lle ceir prydlesoedd hir a roddir am bremiwm ac ar rent isel, ac yn enwedig lle bo prydlesoedd felly o eiddo preswyl yn y cwestiwn, nid ymddengys fawr ddim rheswm paham na ddylai'r Grantwr roi yr un cyfamodau ymhlyg i'w Denant ag y medrid eu disgwyl pe trosglwyddid eiddo rhydd-ddaliol.

[2] *The new title guarantees do not seem particularly relevant to the grant of short leases. In the case of long leases granted at a premium and for a low rent, and particularly in the case of such leases of residential properties, there seems little reason why the Grantor should not give the same implied guarantees to his Tenant as would be expected on the transfer of freehold property.*

7. REGISTERED TITLE:
The covenants which are implied under Section 4 of the Law of Property (Miscellaneous Provisions) Act 1994 by reason of the Transferor transferring the Property with [full/limited] title guarantee do not render the Transferor liable to the Transferee for any consequences of any breach of any of the Lease terms relating to the physical state of the Property; and the parties apply to the Chief Land Registrar to note the Register accordingly.

TEITL COFRESTR:
Nid yw'r cyfamodau sy'n ymhlyg yn rhinwedd Adran 4 o Ddeddf Cyfraith Eiddo (Darpariaethau Amrywiol) 1994 oherwydd i'r Trosglwyddwr drosglwyddo'r Eiddo gyda gwarant teitl [llawn/cyfyngedig] yn gwneud y Trosglwyddwr yn atebol i'r Trosglwyddai am unrhyw ganlyniadau o unrhyw doriad o unrhyw un o delerau'r Brydles sy'n ymwneud â chyflwr materol yr Eiddo; ac mae'r partïon yn gwneud cais i'r Prif Gofrestrydd Tir i ddodi cofnod yn y Cofrestr yn unol â hynny.

8. DISCHARGE OF SUBSISTING MORTGAGE:
The [Transferor/Vendor] covenants with the [Transferee/Purchaser] to discharge all financial charges to which the Property is subject at the time of this deed.

RHYDDHAU MORGAIS SYDD MEWN GRYM:
Mae'r [Trosglwyddwr/Gwerthwr] yn cyfamodi gyda'r [Trosglwyddai/Prynwr] y bydd yn talu pob swm dyledus y mae'r Eiddo yn gyfrifol amdano ar adeg y weithred hon.

9. REVERSING THE BURDEN OF COMPLIANCE COSTS:
The covenants implied under Section 2(1)(b) of the Law of Property (Miscellaneous Provisions) Act 1994 are varied by the deletion of the words "at his own cost" and the substitution of the words "at the cost of the person requiring compliance with the covenant".

GWRTHDROI BAICH Y COSTAU CYDYMFFURFIO:
Mae'r cyfamodau sy'n ymhlyg yn rhinwedd Adran 2(1)(b) o Ddeddf Cyfraith Eiddo (Darpariaethau Amrywiol) 1994 i'w hamrywio drwy ddileu'r geiriau "ar ei gost ei hun" a rhoi yn eu lle y geiriau "ar gost y sawl sy'n mynnu cael cydymffurfiad â'r cyfamod".

10. VARIATION OF RIGHT TO DISPOSE AND FURTHER ASSURANCE:
The covenants implied under Section 2 of the Law of Property (Miscellaneous Provisions) Act 1994 are varied so as to exclude all the covenants given under [Section 2(1) and (2)].

AMRYWIO'R HAWL I WAREDU A SICRHAD PELLACH:
Mae'r cyfamodau sy'n ymhlyg yn rhinwedd Adran 2 o Ddeddf Cyfraith Eiddo (Darpariaethau Amrywiol) 1994 i'w hamrywio fel ag i eithrio'r holl gyfamodau a roir yn rhinwedd [Adran 2(1) a (2)].

11. VARIATION OF SECTION 3(3)—LIMITED COVENANTS ON ENCUMBRANCES:
The covenants implied under Section 3 of the Law of Property (Miscellaneous Provisions) Act 1994 are varied so as to delete from Section 3(3) the words "since the last disposition for value" and substitute the words "since the [Transferor/Vendor] became entitled to [transfer/convey] the Property" in both the instances in that Section where those words occur.

AMRYWIO ADRAN 3(3)—CYFAMODAU CYFYNGEDIG AR LYFFETHEIRIAU:
Mae'r cyfamodau sy'n ymhlyg yn rhinwedd Adran 3 o Ddeddf Cyfraith Eiddo (Darpariaethau Amrywiol) 1994 i'w hamrywio fel ag i ddileu o Adran 3(3) y geiriau "ers y gwarediad diwethaf am werth" a rhoi yn eu lle y geiriau "ers pan fu gan y [Trosglwyddwr/Gwerthwr] yr hawl i [drosglwyddo/drawsgludo] yr eiddo" yn y ddau le yn yr Adran honno lle ymddengys y geiriau hynny.

---

12. DISPOSITION BY A SURVIVOR OF JOINT TENANTS:
The [Transferor/Vendor is solely and beneficially interested in the Property and [transfers/conveys] with [full/limited] title guarantee the property to the Purchaser.

GWAREDIAD GAN GYD-BERCHEN SYDD WEDI GOROESI:
Mae'r [Trosgwyddwr/Gwerthwr] â buddiant cyfan gwbl a llesiannol yn yr eiddo ac mae yn ei [drosglwyddo/drawsgludo] i'r Prynwr gyda theitl gwarant [llawn/cyfyngedig].

67

V

Amryfal Ddiffiniadau, etc
Various Definitions, etc

1. A document purporting to be duly executed under the seal of the [Welsh Language] Board or to be signed on the Board's behalf shall be received in evidence and shall be deemed to be so executed or signed unless the contrary is proved.

> *Caiff dogfen sy'n honni ei bod wedi'i gweithredu'n briodol o dan sêl y Bwrdd [Bwrdd yr Iaith Gymraeg] neu ei bod wedi'i llofnodi ar ran y Bwrdd ei derbyn fel tystiolaeth a chymerir ei bod wedi'i gweithredu neu wedi'i llofnodi felly oni phrofir i'r gwrthwyneb.*

2. The [Welsh Language] Board shall not be regarded as the servant or agent of the Crown or as enjoying any status, immunity or privilege of the Crown; and the Board's property shall not be regarded as property of, or held on behalf of, the Crown.

> *Ni chymerir bod y Bwrdd [Bwrdd yr Iaith Gymraeg] yn was nac yn asiant i'r Goron nac yn mwynhau unrhyw statws, imiwnedd neu fraint sydd gan y Goron; ac ni chymerir eiddo'r Bwrdd fel eiddo i'r Goron nac fel eiddo a ddelir ar ran y Goron.*

3. An advertisement is defined in Section 82 of the Sex Discrimination Act as:- "every form of advertisement, whether to the public or not, and whether in a newspaper or other publication, by television or radio, by display of notices, signs, labels, showcards or goods, by distribution of samples, circulars, catalogues, price lists or other material, by exhibition of pictures, models or films, or in any other way . . ."

> *Diffinir hysbyseb yn Adran 82 o'r Ddeddf Camwahaniaethu ar Sail Rhyw fel:- "pob ffurf ar hysbyseb, boed i'r cyhoedd ai peidio, a boed mewn papur-newydd neu gyhoeddiad arall, drwy gyfrwng y teledu neu'r radio, drwy arddangos hysbysiadau, arwyddion, labeli, cardiau arddangos neu nwyddau, drwy ddosbarthu samplau, cylchlythyrau, catalogau, rhestri prisiau neu ddeunydd arall, drwy arddangos lluniau, modelau neu ffilmiau, neu mewn unrhyw fodd arall . . ."*

4. "A mini-roundabout is a roundabout having a one-way circulatory carriageway around a flush or slightly raised circular marking less than 4 metres in diameter, and with or without flared approaches."

> *"Mae cylchfan mini yn gylchfan ag iddi lôn unffordd gylchredol o amgylch marcyn crwn a hwnnw'n gyfwyneb neu ar led-godiad ac yn llai na 4 metr ar draws, a chyda neu heb fannau dynesu ymledol."*

5. "The alteration or improvement of an existing road, involving the construction, whether or not within existing highway limits. of a subway, underpass, flyover, footbridge, elevated road, dual carriageway, the construction of a roundabout (other than a mini-roundabout), or the widening of an existing road by the construction of one or more additional traffic lanes."

"Newid neu wella ffordd sy'n bod eisoes, sy'n cynnwys adeiladu o fewn terfynau priffyrdd presennol neu beidio, isffordd, tanffordd, trosffordd, pont gerdded, ffordd ar godiad neu ffordd ddeuol, adeiladu cylchfan (ac eithrio cylchfan mini), neu ledu ffordd sy'n bod eisoes trwy adeiladu un neu ragor o lonydd traffig ychwanegol."

6. "For the purposes of this definition, an owner is the person who (in his own right or as trustee for another person) is entitled to receive the rack rent of land, or, where the land is not let at a rack rent, would be so entitled if it were so let."

"At ddibenion y diffiniad hwn, y perchen yw'r sawl sydd â'r hawl (ei hun, neu fel ymddiriedolwr dros rywun arall) i dderbyn crogrent tir, neu, lle na osodir yr tir am grogrent, a fyddai'n cael derbyn crogrent pe gosodid ef felly."

VI

Ymadroddion Byr
Short Phrases

all fees must be prepaid

    rhaid gwneud pob taliad ymlaen llaw

at his/her/its [their] own cost

    ar ei gost/chost ei hun [eu cost eu hunain]

by persons of limited capacity

    gan rai â chanddynt gymhwystra cyfyngedig

cases may have to be brought on at short notice

    mae'n bosibl y bydd angen cyflwyno achosion ar fyr rybudd

claim to exercise the right to acquire/to buy

    ceisio defnydd o'r hawl i gaffael/i brynu

compliant and suggestible state of mind [of a person being questioned by the Police, etc]

    cyflwr meddwl cydsyniol a hawdd dylanwadu arno [rhywun sy'n cael ei holi gan yr Heddlu, etc]

Court staff are neither permitted nor qualified to give legal advice, and cannot comment on judicial decisions

    Nid oes na hawl na chymhwyster gan staff y Llys i roi cyngor cyfreithiol, ac ni allant wneud sylwadau ar benderfyniadau barnwrol

doing all he/she/it [they] reasonably can to ensure that . . .

    gwneud popeth y gall [y gallant] yn rhesymol ei wneud i ymorol bod . . .

expenses properly incurred by X

    treuliau a dynnwyd yn briodol gan X

for the purpose of a single transaction

    i ddibenion trafodiad unigol

in such manner as he/she/it thinks fit

yn y cyfryw fodd ag y gwêl [ef/hi] yn dda

is the agreement supported by a bond or other [financial] security?

a yw'r cytundeb yn cael ei gynnal â bond neu sicrwydd [ariannol] arall?

key words are still required but new wording is stipulated

deil allweddeiriau yn angenrheidiol eithr pennwyd geiriad newydd

long leases granted at a premium and for a low rent

prydlesoedd hirion a roddwyd am bremiwm ac ar rent isel

"maladministration" means poor or failed administration

ystyr "camweinyddu" yw gweinyddu gwael neu fethu â gweinyddu

property subject to a rentcharge

eiddo sy'n ddarostyngedig i rent-dâl

reverse the burden of compliance costs

gwrthdroi baich y costau cydymffurfio

rights which a person does not, and could not reasonably be expected to, know about

hawliau na ŵyr rhywun, ac na fedrid disgwyl iddo/iddi wybod, amdanynt

"separate, secure waiting area, away from those involved in the case"

"man aros diogel, ar wahân i'r rhai sy'n cymryd rhan yn yr achos"

servant or agent of the Crown

gwas neu asiant i'r Goron

"set a thief to 'shop' a thief"

"cael lleidr i 'fradychu' lleidr"

71

solely and beneficially entitled to . . .

â buddiant cyfan gwbl a llesiannol yn . . .

statutory title guarantees are still voluntary

deil gwarantau teitl statudol yn wirfoddol

the lease is still subsisting at the time of the disposition

deil y brydles i fodoli ar adeg y gwarediad

the only difference between the full and limited guarantee lies in the more limited covenant relating to encumbrances

gorwedd yr unig wahaniaeth rhwng gwarant llawn a chyfyngedig yn y cyfamod mwy cyfyngedig sy'n ymweud â llyffetheiriau

this would render the lease liable to forfeiture

byddai hyn yn gwneud y brydles yn agored i'w fforffedu

to the best of my knowledge, information and belief

hyd eithaf fy ngwybodaeth, hysbysiaeth a'm cred

without let or hindrance

yn ddirwystr

"you may take an oath on the holy book of your religion, or you may affirm."

"gellwch dyngu llw ar lyfr sanctaidd eich crefydd, neu gellwch gadarnhau."

DEDDF YR IAITH GYMRAEG 1993

PENNOD 38

WELSH LANGUAGE ACT 1993

CHAPTER 38

Deddf yr Iaith Gymraeg 1993

PENNOD 38

TREFN YR ADRANNAU

RHAN I
Y BWRDD

Adran

1. Sefydlu'r Bwrdd.
2. Aelodaeth y Bwrdd.
3. Swyddogaethau'r Bwrdd.
4. Darpariaethau atodol ynglŷn â'r Bwrdd.

RHAN II
CYNLLUNIAU IAITH GYMRAEG
Dyletswydd i baratoi cynlluniau

5. Dyletswydd cyrff cyhoeddus a hysbysir i baratoi cynlluniau.
6. Ystyr "corff cyhoeddus".
7. Hysbysiadau i gyrff cyhoeddus.
8. Gwrthwynebiadau i'r terfynau amser ar gyfer cyflwyno cynlluniau,

Canllawiau ynghylch ffurf a chynnwys cynlluniau

9. Dyletswydd i gyhoeddi cynlluniau.
10. Cymeradwyo canllawiau.
11. Adolygu canllawiau.

Paratoi cynlluniau a'u cymeradwyo

12. Paratoi cynlluniau.
13. Ymgynghori ynghylch paratoi cynlluniau.
14. Cymeradwyo cynlluniau neu eu gorfodi.

Adolygu cynlluniau etc

15. Adolygu cynlluniau o bryd i'w gilydd.
16. Diwygio cynlluniau.

Cydymffurfio â chynlluniau

17. Ymchwiliadau.
18. Cwynion am fethu â chydymffurfio.

Welsh Language Act 1993

CHAPTER 38

ARRANGEMENT OF SECTIONS

PART I
THE BOARD

Section
1. Establishment of the Board.
2. Membership of the Board.
3. Functions of the Board.
4. Supplementary provisions about the Board.

PART II

WELSH LANGUAGE SCHEMES

Duty to prepare schemes

5. Duty of notified public bodies to prepare schemes.
6. Meaning of "public body".
7. Notices to public bodies.
8. Objections to time limits for submitting schemes.

Guidelines as to form and content of schemes

9. Duty to issue guidelines.
10. Approval of guidelines.
11. Revision of guidelines.

Preparation and approval of schemes

12. Preparation of schemes.
13. Consultation on preparation of schemes.
14. Approval or imposition of schemes.

Revision etc of schemes

15. Periodic revision of schemes.
16. Amendment of schemes.

Compliance with schemes

17. Investigations.
18. Complaints of non-compliance.

Adran

19. Adroddiadau ar ymchwiliadau.
20. Cyfarwyddiadau gan yr Ysgrifennydd Gwladol.

Y Goron

21. Personau'n gweithredu ar ran y Goron.

RHAN III
AMRYWIOL
Y Gymraeg mewn achosion cyfreithiol

22. Defnyddio'r Gymraeg mewn achosion cyfreithiol.
23. Llwon a dwys-haeriadau.
24. Darparu cyfieithwyr.

Enwau, ffurflenni statudol etc

25. Pwerau i roi enwau Cymraeg i gyrff statudol etc.
26. Pwerau i bennu ffurflenni Cymraeg.
27. Darpariaethau'n atodol i adrannau 25 a 26.
28. Cymdeithasau diwydiannol a darbodus.
29. Undebau credyd.

Cwmnïau

30. Dogfennau ynglŷn â chwmnïau Cymreig.
31. Cyhoeddusrwydd i statws rhwymedigaeth gyfyngedig cwmnïau
    Cymreig.

Elusennau

32. Elusennau cofrestredig.
33. Datganiad o statws elusennol.

Atodol

34. Hysbysiadau.
35. Diddymiadau a diwygiadau ôl-ddilynol.
36. Cychwyn.
37. Teitl byr.

ATODLENNI:

Atodlen 1 - Y Bwrdd.
Atodlen 2 - Diddymiadau.

ii   c. **38**   *Welsh Language Act 1993*

Section
19. Reports on investigations.
20. Directions by Secretary of State.

The Crown

21. Persons acting on behalf of the Crown.

PART III

MISCELLANEOUS

Welsh in legal proceedings

22. Use of Welsh in legal proceedings.
23. Oaths and affirmations.
24. Provision of interpreters.

Statutory names, forms etc

25. Powers to give Welsh names to statutory bodies etc.
26. Powers to prescribe Welsh forms.
27. Provisions supplementary to sections 25 and 26.
28. Industrial and provident societies.
29. Credit unions.

Companies

30. Documents relating to Welsh companies.
31. Publicity for limited liability status of Welsh companies.

Charities

32. Registered charities.
33. Statement of charitable status.

Supplementary

34. Notices.
35. Repeals and consequential amendments.
36. Commencement.
37. Short title.

SCHEDULES:

    Schedule 1—The Board.
    Schedule 2—Repeals.

Deddf yr Iaith Gymraeg 1993

1993 PENNOD 38

Deddf i sefydlu Bwrdd a chanddo'r swyddogaeth o hyrwyddo a hwyluso defnyddio'r iaith Gymraeg, i ddarparu i gyrff cyhoeddus baratoi cynlluniau i weithredu'r egwyddor wrth gynnal busnes cyhoeddus ac wrth weinyddu cyfiawnder yng Nghymru y dylid trin y Gymraeg a'r Saesneg ar y sail eu bod yn gyfartal, i wneud darpariaeth bellach ynglŷn â'r iaith Gymraeg, i ddiddymu rhai deddfiadau darfodedig ynglŷn â Chymru, ac at ddibenion cysylltiedig.   [21 Hydref 1993]

Deddfer gan Ardderchocaf Mawrhydi y Frenhines, gyda chyngor a chaniatâd yr Arglwyddi Ysbrydol a Daearol ac Aelodau Tŷ'r Cyffredin, sydd wedi ymgynnull yn y Senedd bresennol hon, a thrwyddynt a thrwy eu hawdurdod, fel a ganlyn:-

RHAN I
Y BWRDD

1. Bydd corffolaeth gorfforedig a elwir Bwrdd yr Iaith Gymraeg neu the Welsh Language Board. | Sefydlu'r Bwrdd.

2. - (1) Bydd y Bwrdd a sefydlir o dan adran 1 uchod (y cyfeirir ato yn y Ddeddf hon fel "y Bwrdd") yn cynnwys hyd at bymtheg aelod a benodir gan yr Ysgrifennydd Gwladol. | Aelodaeth y Bwrdd.

(2) Wrth weithredu ei bŵer i benodi o dan is-adran (1) uchod bydd yr Ysgrifennydd Gwladol yn rhoi sylw i ddymunoldeb sicrhau, o fewn aelodaeth y Bwrdd, yr adlewyrchir gwahanol raddau defnyddio'r Gymraeg gan y rhai sy'n byw yng Nghymru, ac amrediad buddiannau'r personau y bydd y Bwrdd yn cynnig cyngor iddynt.

Welsh Language Act 1993

1993 CHAPTER 38

An Act to establish a Board having the function of promoting and facilitating the use of the Welsh language, to provide for the preparation by public bodies of schemes giving effect to the principle that in the conduct of public business and the administration of justice in Wales the English and Welsh languages should be treated on a basis of equality, to make further provision relating to the Welsh language, to repeal certain spent enactments relating to Wales, and for connected purposes. [21st October 1993]

B E IT ENACTED by the Queen's most Excellent Majesty, by and with the advice and consent of the Lords Spiritual and Temporal, and Commons, in this present Parliament assembled, and by the authority of the same, as follows:—

PART I

THE BOARD

1. There shall be a body corporate to be known as Bwrdd yr Iaith Gymraeg or the Welsh Language Board.

Establishment c the Board.

2.—(1) The Board established under section 1 above (referred to in this Act as "the Board") shall consist of not more than fifteen members appointed by the Secretary of State.

Membership of the Board.

(2) In exercising his power of appointment under subsection (1) above the Secretary of State shall have regard to the desirability of securing that, within the Board's membership, there are reflected both the varying extent to which the Welsh language is used by those living in Wales, and the range of interests of the persons to whom the Board will offer advice.

2   p.38   *Deddf yr Iaith Gymraeg 1993*

3. - (1) Swyddogaeth y Bwrdd fydd hyrwyddo a hwyluso defnyddio'r iaith Gymraeg.

(2) Heb ragfarnu cynnwys cyffredinol is-adran (1) uchod, wrth gyflawni'r swyddogaeth y cyfeirir ati yno bydd y Bwrdd -

    (a) yn cynghori'r Ysgrifennydd Gwladol ar faterion ynglŷn â'r iaith Gymraeg;

    (b) yn cynghori personau sy'n ymarfer swyddogaethau o natur gyhoeddus ar y ffyrdd o weithredu'r egwyddor, wrth gynnal busnes cyhoeddus ac wrth weinyddu cyfiawnder yng Nghymru, y dylid trin y Gymraeg a'r Saesneg ar y sail eu bod yn gyfartal;

    (c) yn cynghori'r rheiny a phersonau eraill sy'n darparu gwasanaethau i'r cyhoedd ynghylch defnyddio'r iaith Gymraeg yn eu hymwneud â'r cyhoedd yng Nghymru.

(3) Yn ddarostyngedig i'r darpariaethau canlynol, caiff y Bwrdd wneud unrhyw beth sy'n dod o fewn perfformio'i swyddogaethau neu'n eu hyrwyddo, ac yn arbennig fe gaiff -

    (a) gwneud grantiau a benthyciadau a rhoi gwarantau;

    (b) codi taliadau am ddarparu cyngor neu wasanaethau eraill;

    (c) derbyn rhoddion o arian neu eiddo arall.

(4) Rhaid i'r Bwrdd beidio -

    (a) â gwneud grant neu fenthyciad;

    (b) â rhoi gwarant; neu

    (c) â derbyn neu werthu unrhyw ddiddordeb mewn tir,

ac eithrio gyda chymeradwyaeth yr Ysgrifennydd Gwladol o'i rhoi gyda chaniatâd y Trysorlys.

4. - (1) Bydd y Bwrdd yn cydymffurfio ag unrhyw gyfarwyddiadau cyffredinol neu arbennig a roir iddo gan yr Ysgrifennydd Gwladol, a bydd yn rhoi iddo'r gyfryw wybodaeth am ymarfer ei swyddogaethau ag y bydd yr Ysgrifennydd Gwladol yn gofyn amdani.

(2) Bydd Atodlen 1 y Ddeddf hon mewn grym mewn perthynas â'r Bwrdd.

RHAN II

CYNLLUNIAU IAITH GYMRAEG

Dyletswydd i baratoi cynlluniau

5. - (1) Bydd pob corff cyhoeddus y cyflwynir hysbysiad iddo o dan adran 7 isod ac sydd -

    (a) yn darparu gwasanaethau i'r cyhoedd yng Nghymru, neu

    (b) yn ymarfer swyddogaethau statudol mewn perthynas â darparu gwasanaethau gan gyrff cyhoeddus eraill i'r cyhoedd yng Nghymru,

yn paratoi cynllun i bennu'r mesurau y bwriada eu cymryd, at y diben y cyfeirir ato yn is-adran (2) isod, ynglŷn â defnyddio'r iaith Gymraeg mewn cysylltiad â darparu'r gwasanaethau hynny, neu'r cyfryw wasanaethau o'u plith ag a bennir yn yr hysbysiad.

PART I
Functions of the
Board.

3.—(1) The Board shall have the function of promoting and facilitating the use of the Welsh language.

(2) Without prejudice to the generality of subsection (1) above, the Board shall in carrying out the function mentioned there—

    (a) advise the Secretary of State on matters concerning the Welsh language;

    (b) advise persons exercising functions of a public nature on the ways in which effect may be given to the principle that, in the conduct of public business and the administration of justice in Wales, the English and Welsh languages should be treated on a basis of equality;

    (c) advise those and other persons providing services to the public on the use of the Welsh language in their dealings with the public in Wales.

(3) Subject to the following provisions, the Board may do anything which is incidental or conducive to the performance of its functions, and may in particular—

    (a) make grants and loans and give guarantees;

    (b) make charges for the provision of advice or other services;

    (c) accept gifts of money or other property.

(4) The Board shall not—

    (a) make a grant or loan,

    (b) give a guarantee, or

    (c) acquire or dispose of any interest in land,

except with the approval of the Secretary of State given with the consent of the Treasury.

Supplementary
provisions about
the Board.

4.—(1) The Board shall comply with any general or special directions given to it by the Secretary of State, and shall give him such information about the exercise of its functions as he may require.

(2) Schedule 1 to this Act shall have effect with respect to the Board.

PART II

WELSH LANGUAGE SCHEMES

Duty to prepare schemes

Duty of notified
public bodies to
prepare schemes.

5.—(1) Every public body to which a notice is given under section 7 below and which—

    (a) provides services to the public in Wales, or

    (b) exercises statutory functions in relation to the provision by other public bodies of services to the public in Wales,

shall prepare a scheme specifying the measures which it proposes to take, for the purpose mentioned in subsection (2) below, as to the use of the Welsh language in connection with the provision of those services, or of such of them as are specified in the notice.

(2) Y diben y cyfeirir ato yn is-adran (1) uchod yw gweithredu, cyn belled ag y bo'n briodol o dan yr amgylchiadau ac yn rhesymol ymarferol, yr egwyddor, wrth gynnal busnes cyhoeddus a gweinyddu cyfiawnder yng Nghymru, y dylid trin y Gymraeg a'r Saesneg ar y sail eu bod yn gyfartal.   Rʜᴀɴ II

(3) Wrth baratoi cynllun o dan y Rhan hon o'r Ddeddf hon bydd corff cyhoeddus yn rhoi sylw i unrhyw ganllawiau a gyhoeddir gan y Bwrdd o dan adran 9 isod.

6. - (1) Yn y Rhan hon o'r Ddeddf hon ystyr "corff cyhoeddus" yw -   Ystyr "corff
    cyhoeddus".

(a) cyngor sir, cyngor dosbarth neu gyngor cymuned;

(b) cyd-bwyllgor o ddau neu ragor o'r cyrff o fewn paragraff (a) uchod;

(c) cyd-fwrdd y mae ei aelodau yn ddau neu ragor o'r cyrff o fewn paragraff (a) uchod;

(d) awdurdod heddlu;

(e) awdurdod tân a gyfansoddwyd drwy gyfrwng cynllun cyfuno o dan Ddeddf Gwasanaethau Tân 1947;   1947 p.41.

(f) awdurdod iechyd o fewn ystyr Deddf y Gwasanaeth Iechyd Gwladol 1977;   1977 p.49.

(g) ymddiriedolaeth Gwasanaeth Iechyd Gwladol a gyfansoddwyd o dan Ran I Deddf y Gwasanaeth Iechyd Gwladol a Gofal Cymunedol 1990;   1990 p.19.

(h) Awdurdod Gwasanaethau Iechyd y Teulu;

(i) Cyngor Iechyd Cymdeithas a sefydlwyd yn unol ag adran 20 Deddf y Gwasanaeth Iechyd Gwladol 1977;   1977 p. 49.

(j) Cyngor Cyllido Addysg Bellach Cymru;

(k) Cyngor Cyllido Addysg Uwch Cymru;

(l) Llywodraethwyr ysgol sirol, ysgol wirfoddol, ysgol arbennig a gynhelir neu ysgol a gynhelir â grant (o fewn ystyr Deddfau Addysg 1944 hyd 1992);

(m) corfforaeth addysg bellach a sefydlwyd o dan adran 15 neu 16 Deddf Addysg Bellach ac Uwch 1992;   1992 p.13.

(n) corfforaeth addysg uwch a sefydlwyd o dan adran 121 neu 122 Deddf Diwygio Addysg 1988;   1988 p.40.

(o) unrhyw berson (p'un a yw'n gorffolaeth gorfforedig neu anghorfforedig ai peidio) -

     (i) y mae'n ymddangos i'r Ysgrifennydd Gwladol ei fod yn ymarfer swyddogaethau o natur gyhoeddus, neu

     (ii) y mae'n ymddangos i'r Ysgrifennydd Gwladol fod y cyfan neu bron y cyfan o'i weithgareddau yn cael eu cynnal o dan gytundeb, neu yn unol â threfniadau, a wnaed gyda chorff cyhoeddus o fewn paragraffau (a) i (n) uchod neu is-baragraff (i) uchod neu berson sy'n gweithredu fel gwas neu asiant i'r Goron,

ac a bennir, neu sy'n ateb disgrifiad personau a bennir, drwy orchymyn a wneir gan yr Ysgrifennydd Gwladol at ddibenion y Rhan hon o'r Ddeddf hon.

(2) Gellir ymarfer y pŵer i wneud gorchymyn o dan yr adran hon drwy offeryn statudol, a fydd yn ddarostyngedig i'w ddiddymu yn unol â phenderfyniad gan y naill neu'r llall o ddau Dŷ'r Senedd.

(2) The purpose referred to in subsection (1) above is that of giving effect, so far as is both appropriate in the circumstances and reasonably practicable, to the principle that in the conduct of public business and the administration of justice in Wales the English and Welsh languages should be treated on a basis of equality.

(3) In preparing a scheme under this Part of this Act a public body shall have regard to any guidelines issued by the Board under section 9 below.

6.—(1) In this Part of this Act "public body" means—

Meaning of "public body".

  (a) a county council, district council or community council;

  (b) a joint committee of two or more bodies within paragraph (a) above;

  (c) a joint board of which the members are two or more bodies within paragraph (a) above;

  (d) a police authority;

  (e) a fire authority constituted by a combination scheme under the Fire Services Act 1947;

1947 c. 41.

  (f) a health authority within the meaning of the National Health Service Act 1977;

1977 c. 49.

  (g) a National Health Service trust constituted under Part I of the National Health Service and Community Care Act 1990;

1990 c. 19.

  (h) a Family Health Services Authority;

  (i) a Community Health Council established in accordance with section 20 of the National Health Service Act 1977;

  (j) the Further Education Funding Council for Wales;

  (k) the Higher Education Funding Council for Wales;

  (l) the governors of a county school, voluntary school, maintained special school or grant-maintained school (within the meaning of the Education Acts 1944 to 1992);

  (m) a further education corporation established under section 15 or 16 of the Further and Higher Education Act 1992;

1992 c. 13.

  (n) a higher education corporation established under section 121 or 122 of the Education Reform Act 1988;

1988 c. 40.

  (o) any person (whether or not a body corporate or unincorporate)—

     (i) who appears to the Secretary of State to be exercising functions of a public nature, or

     (ii) all or substantially all of whose activities appear to the Secretary of State to be conducted under an agreement, or in accordance with arrangements, made with a public body within paragraphs (a) to (n) or sub-paragraph (i) above or a person acting as servant or agent of the Crown,

  and who is specified, or is of a description of persons specified, by order made by the Secretary of State for the purposes of this Part of this Act.

(2) The power to make an order under this section shall be exercisable by statutory instrument, which shall be subject to annulment in pursuance of a resolution of either House of Parliament.

4 p.38 *Deddf yr Iaith Gymraeg 1993*

RHAN II

Hysbysiadau i
gyrff cyhoeddus.

7. - (1) Caiff y Bwrdd gyflwyno hysbysiad ysgrifenedig o dan yr adran hon i unrhyw gorff cyhoeddus.

(2) Bydd hysbysiad o dan is-adran (1) uchod -

    (a) yn datgan ei bod yn ofynnol i'r corff cyhoeddus y cyflwynir yr hysbysiad iddo baratoi cynllun yn unol ag adran 5 uchod;

    (b) yn pennu erbyn pa ddyddiad y mae'n ofynnol i'r corff hwnnw gyflwyno'r cynllun i'r Bwrdd;

    (c) yn rhoi gwybod i'r corff hwnnw am ei hawliau i wrthwynebu o dan adran 8(1) isod.

(3) Bydd y Bwrdd yn rhoi copi o'r canllawiau cyfredol a gyhoeddwyd o dan adran 9 isod i unrhyw gorff cyhoeddus y mae'n cyflwyno hysbysiad iddo o dan is-adran (1) uchod.

(4) Gellir cyflwyno hysbysiadau gwahanol i gorff cyhoeddus o dan yr adran hon mewn perthynas â gwasanaethau gwahanol.

Gwrthwynebiadau
i'r terfynau
amser ar gyfer
cyflwyno
cynlluniau.

8. - (1) Caiff person y mae'r Bwrdd wedi cyflwyno hysbysiad iddo o dan adran 7 uchod, drwy hysbysiad ysgrifenedig i'r Bwrdd, wrthwynebu'r dyddiad a bennwyd yn yr hysbysiad o dan adran 7 yn ddyddiad diwethaf ar gyfer cyflwyno'r cynllun i'r Bwrdd.

(2) Rhaid i hysbysiad o dan yr adran hon gael ei gyflwyno o fewn y cyfryw amser ag a bennir gan y Bwrdd yn yr hysbysiad a gyflwynwyd ganddo o dan adran 7 uchod.

(3) Rhaid i hysbysiad o dan yr adran hon roi'r rhesymau dros unrhyw wrthwynebiad y mae'n cyfeirio ato.

(4) Wrth ystyried gwrthwynebiad a wnaed yn unol â'r adran hon, caiff y Bwrdd naill ai ei wrthod neu gynnig ymestyn y terfyn amser o dan sylw.

(5) Os bydd y Bwrdd yn cynnig ymestyn y cyfnod amser a'r gwrthwynebydd yn cytuno â'r cynnig, bydd yr hysbysiad o dan adran 7 uchod mewn grym gyda'r dyddiad y cytunir arno wedi'i gynnwys.

(6) Os bydd y Bwrdd yn gwrthod y gwrthwynebiad neu os na fydd y gwrthwynebydd yn cytuno â chynnig a wnaed gan y Bwrdd ac, yn y naill achos neu'r llall, os na thynnir y gwrthwynebiad yn ôl, bydd y Bwrdd yn cyfeirio'r gwrthwynebiad at yr Ysgrifennydd Gwladol.

(7) Wrth gyfeirio gwrthwynebiad at yr Ysgrifennydd Gwladol, bydd y Bwrdd yn anfon ato -

    (a) copi o'r hysbysiad o dan adran 7,

    (b) copi o'r hysbysiad a gyflwynwyd gan y gwrthwynebydd o dan yr adran hon, a

    (c) datganiad o resymau'r Bwrdd dros ei benderfyniadau ar y gwrthwynebiad.

(8) Yn achos cyfeiriad o dan yr adran hon caiff yr Ysgrifennydd Gwladol gadarnhau penderfyniad y Bwrdd i wrthod y gwrthwynebiad, neu caiff gyfarwyddo i'r hysbysiad o dan adran 7 uchod fod mewn grym gyda dyddiad diweddarach wedi'i gynnwys yn lle'r dyddiad y cyfeirir ato yn is-adran (1) uchod (a chaiff y dyddiad diweddarach hwnnw fod yr un fath ag unrhyw ddyddiad a gynigir gan y Bwrdd o dan yr adran hon neu'n ddiweddarach nag ef).

Canllawiau ynghylch ffurf a chynnwys cynlluniau

Dyletswydd i
gyhoeddi
canllawiau.

9. - (1) Bydd y Bwrdd yn cyhoeddi canllawiau ynghylch ffurf a chynnwys cynlluniau y mae'r Rhan hon o'r Ddeddf hon yn gymwys iddynt.

PART II
Notices to public bodies.

7.—(1) The Board may give a notice in writing under this section to any public body.

(2) A notice under subsection (1) above shall—

(a) state that the public body to which the notice is given is required to prepare a scheme in accordance with section 5 above;

(b) specify a date before which that body is required to submit the scheme to the Board;

(c) inform that body of its rights of objection under section 8(1) below.

(3) The Board shall give a copy of the current guidelines issued under section 9 below to any public body to which it gives a notice under subsection (1) above.

(4) Different notices may be given to a public body under this section in respect of different services.

Objections to time limits for submitting schemes.

8.—(1) A person to whom the Board has given a notice under section 7 above may by notice in writing to the Board object to the date specified in the notice under section 7 as the date before which the scheme is to be submitted to the Board.

(2) A notice under this section shall be given within such time as may be specified by the Board in the notice given by it under section 7 above.

(3) A notice under this section shall give the reasons for any objection to which it relates.

(4) On considering an objection made in accordance with this section, the Board may either dismiss it or propose an extension of the time limit concerned.

(5) If the Board proposes an extension of the time limit and the objector agrees to the proposal, the notice under section 7 above shall have effect with the substitution of the agreed date.

(6) If the Board dismisses the objection or the objector does not agree to a proposal made by the Board and, in either case, the objection is not withdrawn, the Board shall refer the objection to the Secretary of State.

(7) The Board shall, on referring an objection to the Secretary of State, send him—

(a) a copy of the notice under section 7,

(b) a copy of the notice given by the objector under this section, and

(c) a statement of the Board's reasons for its decisions on the objection.

(8) On a reference under this section the Secretary of State may confirm a decision of the Board to dismiss the objection, or may direct that the notice under section 7 above shall have effect with the substitution of a later date for the date referred to in subsection (1) above (and that later date may be the same as or later than any date proposed by the Board under this section).

Guidelines as to form and content of schemes

Duty to issue guidelines.

9.—(1) The Board shall issue guidelines as to the form and content of schemes to which this Part of this Act applies.

(2) Ni chyhoeddir canllawiau gan y Bwrdd o dan yr adran hon oni bai bod drafft ohonynt wedi'i gymeradwyo gan yr Ysgrifennydd Gwladol.

RHAN II

(3) Bydd y Bwrdd yn trefnu i unrhyw ganllawiau a gyhoeddir o dan yr adran hon gael eu cyhoeddi yn y cyfryw fodd ag y gwêl yn dda.

10. - (1) Cyn gynted ag y bydd yn rhesymol ymarferol ar ôl i'r Ddeddf hon gychwyn bydd y Bwrdd yn paratoi drafft o unrhyw ganllawiau y bwriada eu cyhoeddi o dan adran 9 uchod a bydd yn anfon copïau o'r drafft -

Cymeradwyo canllawiau.

(a) at y personau hynny y mae'n debyg y bydd yn ofynnol iddynt baratoi cynlluniau, a

(b) i'r cyfryw gyrff sy'n cynrychioli aelodau o'r cyhoedd y bydd y cynlluniau'n effeithio arnynt ag y cred eu bod yn briodol.

(2) Ar ôl ystyried unrhyw sylwadau a gyflwynir iddo ynghylch y canllawiau drafft a gwneud unrhyw ddiwygiadau y cred eu bod yn briodol, bydd y Bwrdd yn anfon adroddiad ar y sylwadau a chopi o'r drafft at yr Ysgrifennydd Gwladol.

(3) Ar ôl ystyried adroddiad y Bwrdd a'r canllawiau drafft, caiff yr Ysgrifennydd Gwladol gymeradwyo'r drafft, naill ai heb ei ddiwygio neu gyda'r cyfryw ddiwygiadau ag y cred ef eu bod yn briodol.

(4) Bydd yr Ysgrifennydd Gwladol yn cyflwyno gerbron y Senedd gopi o unrhyw ganllawiau drafft a gaiff oddi wrth y Bwrdd, gydag unrhyw ddiwygiadau a wneir ganddo o dan is-adran (3) uchod.

(5) Os bydd y naill neu'r llall o ddau Dŷ'r Senedd yn pasio penderfyniad yn ei gwneud yn ofynnol i'r drafft gael ei dynnu'n ôl, bydd y Bwrdd yn paratoi drafft yn lle'r un y mae'r penderfyniad yn ymwneud ag ef; a bydd yr adran hon yn gymwys mewn perthynas â'r drafft newydd fel y mae'n gymwys mewn perthynas â'r drafft gwreiddiol.

(6) Ni chaiff penderfyniad ei basio gan y naill neu'r llall o ddau Dŷ'r Senedd o dan is-adran (5) uchod wedi i gyfnod o 40 niwrnod ddod i ben gan ddechrau ar y diwrnod pryd y cyflwynwyd y drafft gerbron y Tŷ hwnnw; ond at ddibenion yr is-adran hon ni chymerir i ystyriaeth unrhyw amser pryd y mae'r Senedd wedi'i diddymu neu wedi'i hatal neu pryd y mae'r ddau Dŷ wedi'u gohirio am fwy na phedwar diwrnod.

11. Ar y cyfryw adegau ag y gwêl yn dda bydd y Bwrdd yn adolygu'r canllawiau a gyhoeddwyd ganddo o dan adran 9 uchod, a bydd yr adran honno ac adran 10 uchod yn gymwys mewn perthynas â'r canllawiau diwygiedig fel y maent yn gymwys mewn perthynas â'r canllawiau a gyhoeddwyd gyntaf.

Adolygu canllawiau.

Paratoi cynlluniau a'u cymeradwyo

12. - (1) Rhaid i gorff cyhoeddus y mae'r Bwrdd wedi cyflwyno hysbysiad iddo o dan adran 7 uchod gyflwyno cynllun i'r Bwrdd cyn y dyddiad a bennwyd yn yr hysbysiad.

Paratoi cynlluniau.

(2) Rhaid i gynllun gynnwys darpariaethau i bennu -

(a) amserlen ar gyfer gweithredu'r mesurau a gynigir yn y cynllun;

(b) ym mha ffyrdd y bydd y corff cyhoeddus yn sicrhau cyhoeddusrwydd i'r cynllun.

(2) No guidelines shall be issued by the Board under this section unless a draft of them has been approved by the Secretary of State.

(3) The Board shall arrange for any guidelines issued under this section to be published in such manner as it thinks fit.

10.—(1) As soon as reasonably practicable after the commencement of this Act the Board shall prepare a draft of any guidelines that it proposes to issue under section 9 above and shall send copies of the draft to—

Approval of guidelines.

  (a) such persons likely to be required to prepare schemes, and

  (b) such organisations representative of members of the public who may be affected by the schemes,

as it considers appropriate.

(2) After considering any representations made to it about the draft guidelines and making any amendments that it considers appropriate, the Board shall send a report on the representations and a copy of the draft to the Secretary of State.

(3) After considering the Board's report and the draft guidelines, the Secretary of State may approve the draft, either unamended or with such amendments as he thinks fit.

(4) The Secretary of State shall lay before Parliament a copy of any draft guidelines received by him from the Board, with any amendments made by him under subsection (3) above.

(5) If either House of Parliament passes a resolution requiring the draft to be withdrawn, the Board shall prepare a draft in substitution for the one to which the resolution relates; and this section shall apply in relation to the substituted draft as it applies in relation to the original.

(6) No resolution shall be passed by either House of Parliament under subsection (5) above after the expiration of the period of 40 days beginning with the day on which the draft was laid before that House; but for the purposes of this subsection no account shall be taken of any time during which Parliament is dissolved or prorogued or during which both Houses are adjourned for more than four days.

11. The Board shall at such intervals as it thinks fit revise the guidelines issued by it under section 9 above, and that section and section 10 above shall apply in relation to the revised guidelines as they apply in relation to the guidelines first issued.

Revision of guidelines.

Preparation and approval of schemes

12.—(1) A public body to which the Board has given a notice under section 7 above shall submit a scheme to the Board before the date specified in the notice.

Preparation of schemes.

(2) A scheme shall include provisions specifying—

  (a) a time-table for giving effect to the measures proposed in the scheme;

  (b) the ways in which the public body will ensure that the scheme is publicised.

RHAN II
Ymgynghori
ynghylch paratoi
cynlluniau.

13. - (1) Rhaid i gorff cyhoeddus sy'n paratoi cynllun i'w gyflwyno i'r Bwrdd ymgynghori fel y bo'n briodol er mwyn sicrhau sylwadau i gynrychioli aelodau Cymraeg ac aelodau eraill o'r cyhoedd y gall y cynllun effeithio arnynt.

(2) Rhaid i gorff cyhoeddus gydymffurfio ag unrhyw gyfarwyddiadau a roir iddo gan y Bwrdd mewn cysylltiad â chyflawni ei ddyletswydd o dan is-adran (1) uchod.

Cymeradwyo
cynlluniau neu
eu gorfodi.

14. - (1) Os bydd cynllun yn ymddangos yn foddhaol i'r Bwrdd, naill ai fel y'u cyflwynwyd i'r Bwrdd neu gydag addasiadau y cytunwyd arnynt rhwng y Bwrdd a'r corff cyhoeddus a'i cyflwynodd, bydd y Bwrdd yn cymeradwyo'r cynllun.

(2) Os -

 (a) na chyflwynir cynllun i'r Bwrdd cyn y dyddiad a bennwyd yn yr hysbysiad o dan adran 7 uchod, neu'r cyfryw ddyddiad diweddarach ag a ganiateir gan y Bwrdd, neu

 (b) os cyflwynwyd cynllun cyn y dyddiad hwnnw (neu'r dyddiad diweddarach hwnnw) ond heb ei gymeradwyo gan y Bwrdd,

caiff y Bwrdd, neu mewn achos o fewn paragraff (b) uchod naill ai'r Bwrdd neu'r corff cyhoeddus sy'n cyflwyno'r cynllun, gyfeirio'r mater at yr Ysgrifennydd Gwladol.

(3) Yn achos cyfeiriad o dan is-adran (2) uchod, caiff yr Ysgrifennydd Gwladol, mewn achos o fewn paragraff (a) yn yr is-adran honno, ofyn i'r corff cyhoeddus o dan sylw gyflwyno cynllun i'r Bwrdd cyn dyddiad a bennir gan yr Ysgrifennydd Gwladol; ac os gwnaiff hynny, bydd y Rhan hon o'r Ddeddf hon yn gymwys fel pe bai'r dyddiad hwnnw wedi'i roi yn lle'r dyddiad a bennwyd yn rhinwedd adran 7(2)(b) uchod.

(4) Yn achos cyfeiriad o dan is-adran (2) uchod, caiff yr Ysgrifennydd Gwladol, mewn achos o fewn paragraff (b) yn yr is-adran honno, ofyn i'r Bwrdd a'r corff cyhoeddus o dan sylw geisio dod i gytundeb ar delerau cynllun cyn dyddiad a bennir gan yr Ysgrifennydd Gwladol; ac os gwnaiff hynny ni fydd yn ymarfer ei bwerau o dan is-adran (5) isod cyn y dyddiad hwnnw.

(5) Yn achos cyfeiriad o dan is-adran (2) uchod, mewn unrhyw achos caiff yr Ysgrifennydd Gwladol ei hun benderfynu ar delerau cynllun; ac os gwnaiff hynny -

 (a) bydd yn anfon copi o'r cynllun i'r Bwrdd ac i'r corff cyhoeddus o dan sylw, a

 (b) bydd y Rhan hon o'r Ddeddf hon yn gymwys wedyn fel pe bai'r cynllun wedi'i gyflwyno gan y corff ac wedi'i gymeradwyo gan y Bwrdd.

Adolygu cynlluniau etc

Adolygu
cynlluniau o bryd
i'w gilydd.

15. - (1) Ar unrhyw adeg ar ôl i'r Bwrdd yn unol ag adran 11 uchod gyhoeddi canllawiau diwygiedig o dan adran 9 uchod, fe gaiff, drwy hysbysiad ysgrifenedig i unrhyw gorff cyhoeddus y mae wedi cymeradwyo'i gynllun, ei gwneud yn ofynnol i'r corff hwnnw adolygu'r cynllun a chyflwyno datganiad o'i gasgliadau i'r Bwrdd.

(2) Ar ôl cael datganiad o dan is-adran (1) uchod, fe gaiff y Bwrdd, drwy hysbysiad ysgrifenedig, ei gwneud yn ofynnol i'r corff cyhoeddus gyflwyno cynllun diwygiedig i'r Bwrdd cyn y cyfryw ddyddiad ag a bennir yn yr hysbysiad.

PART II
Consultation on
preparation of
schemes.

13.—(1) A public body preparing a scheme for submission to the Board shall carry out such consultations as may be appropriate in order to ascertain views representative of both Welsh-speaking and other members of the public who may be affected by the scheme.

(2) A public body shall comply with any directions given to it by the Board in connection with the performance of its duty under subsection (1) above.

Approval or
imposition of
schemes.

14.—(1) If a scheme appears to the Board to be satisfactory, either as it is submitted to the Board or with modifications agreed between the Board and the public body submitting it, the Board shall approve the scheme.

(2) If—

(a) no scheme is submitted to the Board before the date specified in the notice under section 7 above, or such later date as the Board may allow, or

(b) a scheme has been submitted before that date (or that later date) but has not been approved by the Board,

the Board, or in a case within paragraph (b) above either the Board or the public body submitting the scheme, may refer the matter to the Secretary of State.

(3) On a reference under subsection (2) above, the Secretary of State may, in a case within paragraph (a) of that subsection, request the public body concerned to submit a scheme to the Board before a date specified by the Secretary of State; and if he does so, this Part of this Act shall apply as if that date were substituted for the date specified by virtue of section 7(2)(b) above.

(4) On a reference under subsection (2) above, the Secretary of State may, in a case within paragraph (b) of that subsection, request the Board and the public body concerned to try to reach agreement on the terms of a scheme before a date specified by the Secretary of State; and if he does so he shall not exercise his powers under subsection (5) below before that date.

(5) On a reference under subsection (2) above, the Secretary of State may in any case himself decide upon the terms of a scheme; and if he does so—

(a) he shall send a copy of the scheme to the Board and to the public body concerned, and

(b) this Part of this Act shall then apply as if the scheme had been submitted by the body and approved by the Board.

Revision etc of schemes

Periodic revision
of schemes.

15.—(1) At any time after the Board has in accordance with section 11 above issued revised guidelines under section 9 above, it may by notice in writing to any public body whose scheme it has approved require that body to review the scheme and submit to the Board a statement of its conclusions.

(2) After receiving a statement under subsection (1) above, the Board may by notice in writing require the public body to submit a revised scheme to the Board before such date as may be specified in the notice.

(3) Bydd adrannau 12 i 14 uchod, gyda'r addasiadau angenrheidiol, yn gymwys lle cyflwynir hysbysiad o dan is-adran (2) uchod fel y maent yn gymwys lle cyflwynir hysbysiad o dan adran 7 uchod.

RHAN II

16. - (1) Lle y mae cynllun a baratowyd gan gorff cyhoeddus wedi'i gymeradwyo gan y Bwrdd, caiff naill ai'r corff cyhoeddus neu'r Bwrdd ar unrhyw adeg drwy hysbysiad ysgrifenedig i'r llall gynnig diwygiadau i'r cynllun.

Diwygio cynlluniau.

(2) Ni fydd y Bwrdd yn ymarfer y pŵer a roir gan is-adran (1) uchod ac eithrio lle y mae'n fodlon bod diwygiadau i'r cynllun yn briodol oherwydd newidiadau yn swyddogaethau'r corff cyhoeddus neu yn yr amgylchiadau y cyflawnir y swyddogaethau hynny odanynt.

(3) Os cytunir rhwng y corff cyhoeddus a'r Bwrdd ar y diwygiadau a gynigiwyd, naill ai fel y'u cynigiwyd neu gydag addasiadau, bydd y cynllun mewn grym wedyn yn ddarostyngedig i'r diwygiadau.

(4) Os na chytunir ar y diwgiadau, caiff naill ai'r corff cyhoeddus neu'r Bwrdd gyfeirio'r mater at yr Ysgrifennydd Gwladol.

(5) Yn achos cyfeiriad o dan is-adran (4) uchod, caiff yr Ysgrifennydd Gwladol ofyn i'r Bwrdd a'r corff cyhoeddus o dan sylw geisio dod i gytundeb ar y diwygiadau cyn dyddiad a bennir gan yr Ysgrifennydd Gwladol; ac os gwnaiff hynny ni fydd yn ymarfer ei bwerau o dan is-adran (6) isod cyn y dyddiad hwnnw.

(6) Yn achos cyfeiriad o dan is-adran (4) uchod, caiff yr Ysgrifennydd Gwladol -

    (a) penderfynu na ddylid gwneud unrhyw ddiwygiadau, neu

    (b) penderfynu ei hun ar y diwygiadau sydd i'w gwneud i'r cynllun (sef o bosibl y diwygiadau a gynigiwyd, naill ai gydag addasiadau neu hebddynt, neu ddiwygiadau eraill).

(7) Lle bydd yr Ysgrifennydd Gwladol, yn unol ag is-adran (6) uchod, yn penderfynu ar y diwygiadau sydd i'w gwneud i gynllun -

    (a) bydd yn anfon copi o'r diwygiadau i'r Bwrdd ac i'r corff cyhoeddus o dan sylw, a

    (b) bydd y cynllun mewn grym wedyn yn ddarostyngedig i'r diwygiadau.

Cydymffurfio â chynlluniau

17. - (1) Lle ymddengys i'r Bwrdd, boed yn sgîl cwyn a wnaed iddo o dan adran 18 isod neu fel arall, y gall corff cyhoeddus fod wedi methu â chyflawni cynllun a gymeradwywyd gan y Bwrdd, caiff y Bwrdd gynnal ymchwiliad er mwyn gweld a fu methiant.

Ymchwiliadau.

(2) Bydd y drefn ar gyfer cynnal ymchwiliad o dan yr adran hon yn gyfryw ag y cred y Bwrdd ei bod yn briodol o dan amgylchiadau'r achos, ac yn arbennig gellir cynnal ymchwiliad yn breifat.

(3) Caiff y Bwrdd, os cred ei bod yn briodol gwneud hynny, dalu i unrhyw berson a fydd yn bresennol mewn ymchwiliad neu a fydd yn rhoi gwybodaeth at ei ddibenion -

    (a) symiau mewn perthynas â'r treuliau a dynnwyd yn briodol ganddo, a

(3) Sections 12 to 14 above shall with the necessary modifications apply where a notice is given under subsection (2) above as they apply where a notice is given under section 7 above.

16.—(1) Where a scheme prepared by a public body has been approved by the Board, either the public body or the Board may at any time by notice in writing to the other propose amendments to the scheme.

Amendment of schemes.

(2) The Board shall not exercise the power conferred by subsection (1) above except where it is satisfied that amendments of the scheme are appropriate because of changes in the functions of the public body or in the circumstances in which those functions are carried out.

(3) If the amendments proposed are agreed between the public body and the Board, either as proposed or with modifications, the scheme shall thereafter have effect subject to the amendments.

(4) If the amendments are not agreed, either the public body or the Board may refer the matter to the Secretary of State.

(5) On a reference under subsection (4) above, the Secretary of State may request the Board and the public body concerned to try to reach agreement on the amendments before a date specified by the Secretary of State; and if he does so he shall not exercise his powers under subsection (6) below before that date.

(6) On a reference under subsection (4) above, the Secretary of State may—

　　(a) determine that no amendments should be made, or

　　(b) himself decide upon the amendments to be made to the scheme (which may be the amendments proposed, either with or without modifications, or other amendments).

(7) Where in accordance with subsection (6) above the Secretary of State decides upon the amendments to be made to a scheme—

　　(a) he shall send a copy of the amendments to the Board and to the public body concerned, and

　　(b) the scheme shall thereafter have effect subject to the amendments.

Compliance with schemes

17.—(1) Where it appears to the Board, whether on a complaint made to it under section 18 below or otherwise, that a public body may have failed to carry out a scheme approved by the Board, the Board may conduct an investigation in order to ascertain whether there has been a failure.

Investigations.

(2) The procedure for conducting an investigation under this section shall be such as the Board considers appropriate in the circumstances of the case, and in particular an investigation may be conducted in private.

(3) The Board may, if it considers it appropriate to do so, pay to any person who attends or provides information for the purposes of an investigation—

　　(a) sums in respect of the expenses properly incurred by him, and

RHAN II
(b) lwfansau yn iawndal am yr amser y mae wedi'i golli, yn unol â'r cyfryw raddfeydd ac yn ddarostyngedig i'r cyfryw amodau ag a bennir gan yr Ysgrifennydd Gwladol gyda chymeradwyaeth y Trysorlys.

Cwynion am fethu â chydymffurfio.

18. - (1) Mae'r adran hon yn gymwys -

    (a) lle cyflwynir cwyn ysgrifenedig i'r Bwrdd gan berson sy'n honni bod methiant gan gorff cyhoeddus i gyflawni cynllun a gymeradwywyd gan y Bwrdd wedi effeithio'n uniongyrchol arno,

    (b) lle gwneir y gwyn o fewn y cyfnod o ddeuddeng mis sy'n dechrau ar y diwrnod pryd y gwybu'r achwynydd gyntaf am y materion a honnir yn y gwyn, ac

    (c) lle y mae'r Bwrdd yn fodlon bod yr achwynydd wedi dod â'r mater y cwynir amdano i sylw'r corff cyhoeddus o dan sylw a bod y corff hwnnw wedi cael cyfle rhesymol i'w ystyried ac i ymateb.

(2) Lle y mae'r adran hon yn gymwys, bydd y Bwrdd naill ai'n ymchwilio i'r gwyn honno o dan adran 17 uchod neu'n anfon datganiad o'i resymau dros beidio â gwneud at yr achwynydd.

Adroddiadau ar ymchwiliadau.

19. - (1) Lle bydd y Bwrdd yn cynnal ymchwiliad o dan adran 17 uchod, bydd yn anfon adroddiad am ganlyniadau'r ymchwiliad i'r corff cyhoeddus o dan sylw, at yr Ysgrifennydd Gwladol ac, lle cynhelir yr ymchwiliad yn sgîl cwyn a wnaed o dan adran 18 uchod, at yr achwynydd (p'un a dynnir y gwyn yn ôl cyn gorffen yr ymchwiliad ai peidio).

(2) Lle cred y Bwrdd y byddai'n briodol i adroddiad ar ganlyniadau ymchwiliad gael ei gyhoeddi, naill ai ar ffurf yr adroddiad a wneir o dan is-adran (1) uchod neu ar ryw ffurf arall, caiff y Bwrdd drefnu ei gyhoeddi yn y cyfryw fodd ag y gwêl yn dda.

(3) Lle bydd y Bwrdd, ar ôl gorffen ymchwiliad, yn fodlon bod y corff cyhoeddus o dan sylw wedi methu â chyflawni'r cynllun, caiff y Bwrdd gynnwys yn ei adroddiad argymhellion ynghylch camau i'w cymryd gan y corff cyhoeddus er mwyn cywiro'r methiant neu er mwyn osgoi methiant yn y dyfodol.

Cyfarwyddiadau gan yr Ysgrifennydd Gwladol.

20. - (1) Os ymddengys ar unrhyw adeg i'r Bwrdd fod corff cyhoeddus wedi methu â chymryd unrhyw gamau a argymhellwyd mewn adroddiad o dan adran 19 uchod, caiff y Bwrdd gyfeirio'r mater at yr Ysgrifennydd Gwladol.

(2) Yn achos cyfeiriad o dan yr adran hon os bydd yr Ysgrifennydd Gwladol yn fodlon, ar ôl ystyried unrhyw sylwadau a gyflwynwyd iddo gan y Bwrdd a chan y corff cyhoeddus o dan sylw, fod y corff wedi methu â chymryd unrhyw gamau a argymhellwyd yn yr adroddiad, caiff roi'r cyfryw gyfarwyddiadau i'r corff cyhoeddus ag y cred eu bod yn briodol.

(3) Gellir gorfodi unrhyw gyfarwyddiadau a roir gan yr Ysgrifennydd Gwladol o dan is-adran (2) uchod, os gwneir cais ganddo, drwy gyfrwng mandamws.

Y Goron

Personau'n gweithredu ar ran y Goron.

21. - (1) Nid yw cyfeiriadau yn y Rhan hon o'r Ddeddf hon at gyrff cyhoeddus yn cynnwys cyfeiriadau at unrhyw berson sy'n gweithredu fel gwas neu asiant i'r Goron; ond bydd darpariaethau canlynol yr adran hon yn gymwys lle bydd y cyfryw berson wedi mabwysiadu neu'n bwriadu mabwysiadu cynllun iaith Gymraeg.

8   c. **38**   *Welsh Language Act 1993*

PART II   (b) allowances by way of compensation for the loss of his time,

in accordance with such scales and subject to such conditions as may be determined by the Secretary of State with the approval of the Treasury.

Complaints of
non-compliance.

18.—(1) This section applies where—

(a) a written complaint is made to the Board by a person who claims to have been directly affected by a failure of a public body to carry out a scheme approved by the Board,

(b) the complaint is made within the period of twelve months beginning with the day on which the complainant first knew of the matters alleged in the complaint, and

(c) the Board is satisfied that the complainant has brought the matter complained of to the notice of the public body concerned and that that body has had a reasonable opportunity to consider it and to respond.

(2) Where this section applies, the Board shall either investigate that complaint under section 17 above or shall send to the complainant a statement of its reasons for not doing so.

Reports on
investigations.

19.—(1) Where the Board undertakes an investigation under section 17 above, it shall send a report of the results of the investigation to the public body concerned, to the Secretary of State and, where the investigation is conducted on a complaint made under section 18 above, to the complainant (whether or not the complaint is withdrawn before the investigation is completed).

(2) Where the Board considers that it would be appropriate for a report of the results of an investigation to be published, either in the form of the report made under subsection (1) above or in some other form, the Board may arrange for publication in such manner as it thinks fit.

(3) Where on completing an investigation the Board is satisfied that the public body concerned has failed to carry out the scheme, the Board may include in its report recommendations as to action to be taken by the public body in order to remedy the failure or to avoid future failures.

Directions by
Secretary of State.

20.—(1) If at any time it appears to the Board that a public body has failed to take any action recommended in a report under section 19 above, the Board may refer the matter to the Secretary of State.

(2) If on a reference under this section the Secretary of State is satisfied, after considering any representations made to him by the Board and by the public body concerned, that the body has failed to take any action recommended in the report, he may give such directions to the public body as he considers appropriate.

(3) Any directions given by the Secretary of State under subsection (2) above shall be enforceable, on an application made by him, by mandamus.

The Crown

Persons acting on
behalf of the
Crown.

21.—(1) References in this Part of this Act to public bodies do not include references to any person acting as the servant or agent of the Crown; but the following provisions of this section shall apply where such a person has adopted or proposes to adopt a Welsh language scheme.

93

(2) Bydd person sydd wedi mabwysiadu cynllun iaith Gymraeg cyn cychwyn y Ddeddf hon yn anfon copi ohono i'r Bwrdd.   Rhan II

(3) Bydd person sy'n paratoi cynllun iaith Gymraeg ar ôl i'r Ddeddf hon gychwyn yn rhoi sylw i unrhyw ganllawiau a gyhoeddwyd gan y Bwrdd o dan adran 9 uchod, a chyn ei fabwysiadu bydd yn anfon y cynllun arfaethedig i'r Bwrdd.

(4) Lle bydd y Bwrdd yn awgrymu diwygiadau i gynllun neu gynllun arfaethedig a anfonwyd gan unrhyw berson i'r Bwrdd yn unol ag is-adran (2) neu (3) uchod, bydd y person hwnnw, os na fydd yn gweithredu'r diwygiadau, yn anfon datganiad ysgrifenedig o'r rhesymau dros beidio â gwneud i'r Bwrdd.

(5) Bydd adrannau 17 i 19 uchod yn gymwys mewn perthynas â phersonau y mae'r adran hon yn gymwys iddynt ac i gynlluniau iaith Gymraeg a fabwysiedir ganddynt fel y maent yn gymwys i gyrff cyhoeddus a chynlluniau a gymeradwyir gan y Bwrdd.

(6) Yn yr adran hon ystyr "cynllun iaith Gymraeg" yw cynllun sy'n pennu mesurau y mae'r person sy'n paratoi'r cynllun yn bwriadu eu cymryd ynglŷn â defnyddio'r iaith Gymraeg mewn cysylltiad â darparu gwasanaethau i'r cyhoedd yng Nghymru gan y person hwnnw, neu gan eraill sy'n gweithredu fel gweision neu asiantau i'r Goron neu n gyrff cyhoeddus.

Rhan III
Amrywiol
Y Gymraeg mewn achosion cyfreithiol

22. - (1) Mewn unrhyw achosion cyfreithiol yng Nghymru gellir siarad Cymraeg gan unrhyw barti, tyst neu berson arall sy'n dymuno'i defnyddio, yn ddarostyngedig mewn achosion mewn llys heblaw llys ynadon i'r cyfryw rybudd ymlaen llaw ag a fydd yn ofynnol yn ôl rheolau'r llys; a gwneir unrhyw ddarpariaeth angenrheidiol ar gyfer cyfieithu yn unol â hyn.   Defnyddio'r Gymraeg mewn achosion cyfreithiol.

(2) Mae unrhyw bŵer i wneud rheolau llys yn cynnwys pŵer i wneud darpariaeth ar gyfer defnyddio dogfennau Cymraeg mewn achosion yng Nghymru neu sydd â chysylltiad â Chymru.

23. Caiff yr Arglwydd Ganghellor wneud rheolau i bennu cyfieithiad yn yr iaith Gymraeg o unrhyw ffurf a bennir am y tro gan y gyfraith fel ffurf unrhyw lw neu ddwys-haeriad i'w roi a'i gymryd neu ei wneud gan unrhyw berson mewn unrhyw lys, a bydd i lw neu ddwys-haeriad a roir a'i gymryd neu ei wneud mewn unrhyw lys yng Nghymru yn y cyfieithiad a bennir gan y cyfryw reolau, heb ei ddehongli, yr un grym â phe bai wedi'i roi a'i gymryd neu ei wneud yn yr iaith Saesneg.   Llwon a dwys-haeriadau.

24. - (1) Caiff yr Arglwydd Ganghellor wneud rheolau ynghylch darparu a chyflogi cyfieithwyr Cymraeg a Saesneg at ddibenion achosion gerbron llysoedd yng Nghymru.   Darparu cyfieithwyr.

(2) Telir i'r cyfieithwyr, o'r un gronfa ag y telir treuliau'r llys, y cyfryw dâl mewn perthynas â'u gwasanaethau ag a bennir gan yr Arglwydd Ganghellor.

(3) Ymarferir pwerau'r Arglwydd Ganghellor o dan yr adran hon gyda chaniatâd y Trysorlys.

(2) A person who has adopted a Welsh language scheme before the commencement of this Act shall send a copy of it to the Board.

(3) A person preparing a Welsh language scheme after the commencement of this Act shall have regard to any guidelines issued by the Board under section 9 above, and shall before adopting it send the proposed scheme to the Board.

(4) Where the Board suggests amendments to a scheme or proposed scheme sent by any person to the Board in accordance with subsection (2) or (3) above, that person shall, if he does not give effect to the amendments, send to the Board a written statement of the reasons for not doing so.

(5) Sections 17 to 19 above shall apply in relation to persons to whom this section applies and to Welsh language schemes adopted by them as they apply to public bodies and schemes approved by the Board.

(6) In this section "Welsh language scheme" means a scheme specifying measures which the person preparing the scheme proposes to take as to the use of the Welsh language in connection with the provision of services to the public in Wales by that person, or by others who are acting as servants or agents of the Crown or are public bodies.

PART III

MISCELLANEOUS

Welsh in legal proceedings

22.—(1) In any legal proceedings in Wales the Welsh language may be spoken by any party, witness or other person who desires to use it, subject in the case of proceedings in a court other than a magistrates' court to such prior notice as may be required by rules of court; and any necessary provision for interpretation shall be made accordingly.

Use of Welsh in legal proceedings.

(2) Any power to make rules of court includes power to make provision as to the use, in proceedings in or having a connection with Wales, of documents in the Welsh language.

23. The Lord Chancellor may make rules prescribing a translation in the Welsh language of any form for the time being prescribed by law as the form of any oath or affirmation to be administered and taken or made by any person in any court, and an oath or affirmation administered and taken or made in any court in Wales in the translation prescribed by such rules shall, without interpretation, be of the like effect as if it had been administered and taken or made in the English language.

Oaths and affirmations.

24.—(1) The Lord Chancellor may make rules as to the provision and employment of interpreters of the Welsh and English languages for the purposes of proceedings before courts in Wales.

Provision of interpreters.

(2) The interpreters shall be paid, out of the same fund as the expenses of the court are payable, such remuneration in respect of their services as the Lord Chancellor may determine.

(3) The Lord Chancellor's powers under this section shall be exercised with the consent of the Treasury.

10   p.38   *Deddf yr Iaith Gymraeg 1993*

RHAN III

Enwau, ffurflenni statudol etc

Pwerau i roi enwau Cymraeg i gyrff statudol etc.

25. - (1) Lle rhoir enw gan Ddeddf Seneddol i unrhyw gorff, swyddfa neu le, caiff y Gweinidog priodol, drwy orchymyn, roi i'r corff, y swyddfa neu'r lle enw arall yn y Gymraeg.

(2) Lle y mae Deddf Seneddol yn rhoi pŵer, i'w weithredu drwy offeryn statudol, i roi enw i unrhyw gorff, swyddfa neu le, bydd y pŵer yn cynnwys pŵer i roi enwau gwahanol yn y Gymraeg a'r Saesneg.

1972 p. 70.

(3) Ni fydd yr adran hon yn gymwys mewn perthynas ag enw a roddwyd i unrhyw ardal neu awdurdod lleol gan Ddeddf Llywodraeth Leol 1972, nac i unrhyw bŵer y gellir ei weithredu o dan y Ddeddf honno.

Pwerau i bennu ffurflenni Cymraeg.

26. - (1) Mae'r adran hon yn gymwys lle y mae Deddf Seneddol yn pennu, neu'n rhoi pŵer i bennu, -

(a) ffurf unrhyw ddogfen, neu

(b) unrhyw ffurfeiriad,

sydd i'w ddefnyddio neu y gellir eu defnyddio at ddiben swyddogol neu gyhoeddus neu at unrhyw ddiben arall lle y mae canlyniadau unrhyw weithred yn y gyfraith yn dibynnu ar y ffurf a ddefnyddir.

(2) Lle y mae'r Ddeddf ei hun yn pennu ffurf y ddogfen neu'r ffurfeiriad, caiff y Gweinidog priodol bennu drwy orchymyn -

(a) ffurf y ddogfen yn Gymraeg, neu'n rhannol Gymraeg ac yn rhannol Saesneg neu, yn ôl y digwydd,

(b) ffurfeiriad Cymraeg,

i'w defnyddio o dan y cyfryw amgylchiadau ac yn ddarostyngedig i'r cyfryw amodau ag a bennir gan y gorchymyn.

(3) Lle y mae'r Ddeddf yn rhoi pŵer i bennu ffurf y ddogfen neu'r ffurfeiriad, bydd y pŵer yn cynnwys pŵer i bennu -

(a) ffurfiau ar wahân o'r ddogfen, neu ffurfeiriad ar wahân, yn Gymraeg a Saesneg, a

(b) yn achos dogfen, ffurf rannol Gymraeg a rhannol Saesneg,

i'w defnyddio o dan y cyfryw amgylchiadau ac yn ddarostyngedig i'r cyfryw amodau ag a bennir yn yr offeryn yr ymarferir y pŵer drwyddo.

(4) Lle yr ymarferir y pwerau a roir gan yr adran hon mewn perthynas â ffurf dogfen neu ffurfeiriad, cymerir cyfeiriad mewn Deddf neu offeryn at y ffurf, cyn belled ag y bo'n angenrheidiol fel (neu fel pe bai'n cynnwys) cyfeiriad at y ffurf a bennir o dan yr adran hon neu yn rhinwedd yr adran hon.

(5) Ni fydd yr adran hon yn gymwys mewn perthynas â darpariaeth sydd -

(a) yn rhoi, neu'n rhoi'r pŵer i roi, enw i unrhyw gorff, swyddfa neu le, neu

(b) yn ei gwneud yn ofynnol cynnwys geiriau penodedig yn enw unrhyw gorff, swyddfa neu le.

10   c. **38**   *Welsh Language Act 1993*

Part III

Statutory names, forms etc

Powers to give
Welsh names to
statutory bodies
etc.

25.—(1) Where a name is conferred by an Act of Parliament on any body, office or place, the appropriate Minister may by order confer on the body, office or place an alternative name in Welsh.

(2) Where an Act of Parliament gives power, exercisable by statutory instrument, to confer a name on any body, office or place, the power shall include power to confer alternative names in English and Welsh.

1972 c. 70.

(3) This section shall not apply in relation to a name conferred on any area or local authority by the Local Government Act 1972, or to any power exercisable under that Act.

Powers to
prescribe Welsh
forms.

26.—(1) This section applies where an Act of Parliament specifies, or confers power to specify,—

    (a) the form of any document, or

    (b) any form of words,

which is to be or may be used for an official or public purpose or for any other purpose where the consequences in law of any act depend on the form used.

(2) Where the Act itself specifies the form of the document or the form of words, the appropriate Minister may by order prescribe—

    (a) a form of the document in Welsh, or partly in Welsh and partly in English or, as the case may be,

    (b) a form of words in Welsh,

for use in such circumstances and subject to such conditions as may be prescribed by the order.

(3) Where the Act confers a power to specify the form of the document or the form of words, the power shall include power to prescribe—

    (a) separate forms of the document, or separate forms of words, in Welsh and in English, and

    (b) in the case of a document, a form partly in Welsh and partly in English,

for use in such circumstances and subject to such conditions as may be prescribed by the instrument by which the power is exercised.

(4) Where the powers conferred by this section are exercised in relation to the form of a document or a form of words, a reference in an Act or instrument to the form shall, so far as may be necessary, be construed as (or as including) a reference to the form prescribed under or by virtue of this section.

(5) This section shall not apply in relation to a provision which—

    (a) confers, or gives power to confer, a name on any body, office or place, or

    (b) requires specified words to be included in the name of any body, office or place.

Deddf yr Iaith Gymraeg 1993   p.38   11

27. - (1) Bydd i unrhyw beth a wneir yn Gymraeg yn rhinwedd adran 26 uchod yr un effaith â phe bai wedi'i wneud yn Saesneg.

(2) Bydd unrhyw ddarpariaeth sy'n awdurdodi -

   (a) defnyddio dogfen neu eiriau i'r un effaith â dogfen neu eiriau y pennwyd fersiwn arall ohonynt yn rhinwedd adran 26 uchod, neu

   (b) mabwysiadu dogfen neu eiriau y pennwyd fersiwn arall ohonynt fel hyn,

yn gymwys mewn perthynas â'r ddwy fersiwn.

(3) Gellir ymarfer y pwerau i wneud gorchmynion o dan adrannau 25(1) a 26(2) uchod drwy offeryn statudol, sydd i'w gyflwyno gerbron y Senedd ar ôl ei wneud.

(4) Mae cyfeiriadau yn adrannau 25 a 26 uchod at Ddeddf Seneddol yn cynnwys cyfeiriadau at Ddeddfau a gaiff eu pasio ar ôl y Ddeddf hon; ac yn yr adrannau hynny ystyr "y Gweinidog priodol" mewn perthynas ag unrhyw Ddeddf yw -

   (a) yn achos darpariaethau y mae Gweinidog heblaw'r Ysgrifennydd Gwladol yn gyfrifol am eu gweithredu yng Nghymru, y Gweinidog hwnnw, a

   (b) mewn unrhyw achos arall, yr Ysgrifennydd Gwladol.

(5) Y Trysorlys a fydd yn penderfynu ar unrhyw gwestiwn sy'n codi o dan baragraffau (a) a (b) is-adran (4) uchod; ac yn yr is-adran honno mae "Gweinidog" yn cynnwys y Trysorlys, Comisiynwyr y Tollau Tramor a Chartref a Chomisiynwyr Cyllid y Wlad.

28. - (1) Diwygir Adran 5 Deddf Cymdeithasau Diwydiannol a Darbodus 1965 (enw'r gymdeithas) fel a ganlyn.

(2) Yn is-adran (2), yn lle'r geiriau o "the word" hyd at y diwedd dodir y geiriau "the last word in the name of every society registered under this Act shall be "limited" or, if the rules of the society state that its registered office is to be in Wales, either that word or the word "cyfyngedig"".

(3) Yn is-adran (5) -

   (a) ar ôl y geiriau "contain the words "limited"" dodir y geiriau "or the word "cyfyngedig"",

   (b) yn lle'r geiriau "that word" dodir y geiriau "either of those words", ac

   (c) ar ôl y geiriau "that the word "limited"" dodir y geiriau ", or in an appropriate case the word "cyfyngedig",".

29. - (1) Diwygir adran 3 Deddf Undebau Credyd 1979 (defnyddio'r enw "credit union", etc) fel a ganlyn.

(2) Yn is-adran (1), ychwanegir ar y diwedd y geiriau "or, if the rules of the society state that its registered office is to be in Wales, either those words or the words "undeb credyd"".

(3) Yn is-adran (2), ar ôl y geiriau ""credit union" or" dodir y geiriau ""undeb credyd" or".

RHAN III

Darpariaethau'n atodol i adrannau 25 a 26.

Cymdeithasau Diwydiannol a Darbodus 1965 p.12.

Undebau credyd. 1979 p.34.

27.—(1) Anything done in Welsh by virtue of section 26 above shall have the like effect as if done in English.

(2) Any provision authorising—

    (a) the use of a document or words to the like effect as a document or words of which another version is prescribed by virtue of section 26 above, or

    (b) the adaptation of a document or words of which another version is so prescribed,

shall apply in relation to both versions.

(3) The powers to make orders under sections 25(1) and 26(2) above shall be exercisable by statutory instrument, which shall be laid before Parliament after being made.

(4) References in sections 25 and 26 above to an Act of Parliament include references to Acts passed after this Act; and in those sections "the appropriate Minister" in relation to any Act means—

    (a) in the case of provisions for the execution of which in Wales a Minister other than the Secretary of State is responsible, that Minister, and

    (b) in any other case, the Secretary of State.

(5) Any question arising under paragraphs (a) and (b) of subsection (4) above shall be determined by the Treasury; and in that subsection "Minister" includes the Treasury, the Commissioners of Customs and Excise and the Commissioners of Inland Revenue.

28.—(1) Section 5 of the Industrial and Provident Societies Act 1965 (name of society) shall be amended as follows.

(2) In subsection (2), for the words from "the word" to the end there shall be substituted the words "the last word in the name of every society registered under this Act shall be "limited" or, if the rules of the society state that its registered office is to be in Wales, either that word or the word "cyfyngedig"".

(3) In subsection (5)—

    (a) after the words "contain the word "limited"" there shall be inserted the words "or the word "cyfyngedig"",

    (b) for the words "that word" there shall be substituted the words "either of those words", and

    (c) after the words "that the word "limited"" there shall be inserted the words ", or in an appropriate case the word "cyfyngedig",".

29.—(1) Section 3 of the Credit Unions Act 1979 (use of name "credit union", etc) shall be amended as follows.

(2) In subsection (1), there shall be added at the end the words "or, if the rules of the society state that its registered office is to be in Wales, either those words or the words "undeb credyd"".

(3) In subsection (2), after the words ""credit union" or" there shall be inserted the words ""undeb credyd" or".

Part III
Provisions
supplementary to
sections 25 and
26.

Industrial and
provident
societies.
1965 c. 12.

Credit unions.
1979 c. 34.

12   p.38   *Deddf yr Iaith Gymraeg 1993*

Rhan III

Dogfennau
ynglŷn â
chwmnïau
Cymreig.
1985 p. 6.

30. - (1) Diwygir Deddf Cwmnïau 1985 fel a ganlyn.

(2) Bydd adran 21 (dogfennau cofrestredig cwmnïau Cymreig) yn peidio â bod mewn grym.

(3) Yn adran 228(2)(f) (y mae'r amgylchiadau ynglŷn ag eithriad rhag y gofyniad i ddarparu cyfrifon grŵp odani yn cynnwys darparu cyfieithiadau o rai dogfennau), ar y dechrau dodir y geiriau "(subject to section 710B(6) (delivery of certain Welsh documents without translation))".

(4) Dodir y geiriau "then, subject to section 710B(6) (delivery of certain Welsh documents without translation)," -

(a) ar ôl y geiriau "other than English" yn adrannau 242(1) a 243(4) a pharagraff 7(3) Rhan II Atodlen 9, a

(b) ar ôl y geiriau "does not apply" yn adrannau 272(5) a 273(7),

(y mae pob un ohonynt yn ei gwneud yn ofynnol cyflwyno rhai dogfennau mewn ieithoedd heblaw Saesneg i'r cofrestrydd gyda chyfieithiad).

(5) Bydd adran 255E (dogfennau cyfrifo cwmnïau preifat Cymreig) yn peidio â bod mewn grym.

(6) Ar ôl adran 710A dodir -

"Documents
relating to Welsh
companies.

1986 c. 45.

1993 c. 0.

710B. - (1) This section applies to any document which -

(a) is delivered to the registrar under this Act or the Insolvency Act 1986, and

(b) relates to a company (whether already registered or to be registered) whose memorandum sates that its registered office is to be situated in Wales.

(2) A document to which this section applies may be in Welsh but, subject to subsection (3), shall on delivery to the registrar be accompanied by a certified translation into English.

(3) The requirement for a translation imposed by subsection (2) shall not apply -

(a) to documents of such descriptions as may be prescribed for the purposes of this paragraph, or

(b) to documents in a form prescribed in Welsh (or partly in Welsh and partly in English) by virtue of section 26 of the Welsh Language Act 1993.

(4) Where by virtue of subsection (3) the registrar receives a document in Welsh without a certified translation into English, he shall, if that document is to be available for inspection, himself obtain such a translation; and that translation shall be treated as delivered to him in accordance with the same provision as the original.

12   c. **38**   *Welsh Language Act 1993*

Companies

Documents
relating to Welsh
companies.
1985 c. 6.

30.—(1) The Companies Act 1985 shall be amended as follows.

(2) Section 21 (registered documentation of Welsh companies) shall cease to have effect.

(3) In section 228(2)(f) (under which the conditions for exemption from the requirement to provide group accounts include the provision of translations of certain documents), at the beginning there shall be inserted the words "(subject to section 710B(6) (delivery of certain Welsh documents without a translation))".

(4) The words "then, subject to section 710B(6) (delivery of certain Welsh documents without a translation)," shall be inserted—

(a) after the words "other than English" in sections 242(1) and 243(4) and paragraph 7(3) of Part II of Schedule 9, and

(b) after the words "does not apply" in sections 272(5) and 273(7),

(all of which require certain documents in a language other than English to be delivered to the registrar with a translation).

(5) Section 255E (accounting documents of Welsh private companies) shall cease to have effect.

(6) After section 710A there shall be inserted—

"Documents
relating to Welsh
companies.

1986 c. 45.

710B.—(1) This section applies to any document which—

(a) is delivered to the registrar under this Act or the Insolvency Act 1986, and

(b) relates to a company (whether already registered or to be registered) whose memorandum states that its registered office is to be situated in Wales.

(2) A document to which this section applies may be in Welsh but, subject to subsection (3), shall on delivery to the registrar be accompanied by a certified translation into English.

(3) The requirement for a translation imposed by subsection (2) shall not apply—

(a) to documents of such descriptions as may be prescribed for the purposes of this paragraph, or

(b) to documents in a form prescribed in Welsh (or partly in Welsh and partly in English) by virtue of section 26 of the Welsh Language Act 1993.

1993 c. 38.

(4) Where by virtue of subsection (3) the registrar receives a document in Welsh without a certified translation into English, he shall, if that document is to be available for inspection, himself obtain such a translation; and that translation shall be treated as delivered to him in accordance with the same provision as the original.

(5) A company whose memorandum states that its registered office is to be situated in Wales may deliver to the registrar a certified translation into Welsh of any document in English which relates to the company and which is or has been delivered to the registrar.

(6) The provisions within subsection (7) (which require certified translations into English of certain documents delivered to the registrar) shall not apply where a translation is required by subsection (2) or would be required but for subsection (3).

(7) The provisions within this subsection are section 228(2)(f), the second sentence of section 242(1), sections 243(4), 272(5) and 273(7) and paragraph 7(3) of Part II of Schedule 9.

(8) In this section "certified translation" means a translation certified in the prescribed manner to be a correct translation.".

RHAN III

31. Yn adran 351 Deddf Cwmnïau 1985, bydd is-adrannau (3) a (4) (sy'n ei gwneud yn ofynnol i statws cwmni y mae ei enw'n gorffen mewn "cwmni cyfyngedig cyhoeddus" neu "cyfyngedig" ymddangos mewn Saesneg ar rai dogfennau) yn peidio â bod mewn grym.

Cyhoeddusrwydd i statws rhwymedigaeth gyfyngedig cwmnïau Cymreig. 1985 p. 6.

Elusennau

32. - (1) Diwygir adran 5 Deddf Elusennau 1993 (sy'n ei gwneud yn ofynnol i statws elusen gofrestredig ymddangos mewn Saesneg ar rai dogfennau) fel a ganlyn.

Elusennau cofrestredig. 1993 p. 10.

(2) Yn is-adran (2), dileir y geiriau "in English".

(3) Ar ôl is-adran (2), dodir -

"(2A) The statement required by subsection (2) above shall be in English, except that, in the case of a document which is otherwise wholly in Welsh, the statement may be in Welsh if it consists of or includes the words "elusen gofrestredig" (the Welsh equivalent of "registered charity").".

(4) Yn is-adran (4), yn lle'r geiriau o "in which" hyd at "stated as" dodir y geiriau "which does not contain the statement".

(5) Yn is-adran (5), yn lle'r geiriau o "in which" hyd at "stated as" dodir "which does not contain the statement".

33. - (1) Diwygir adran 68 Deddf Elusennau 1993 (sy'n ei gwneud yn ofynnol i statws elusen sy'n gwmni ymddangos mewn Saesneg ar rai dogfennau) fel a ganlyn.

Datganiad o statws elusennol.

(2) Yn is-adran (1) -

(a) ar ôl y geiriau "the word "charitable"" dodir y geiriau "then, subject to subsection (1A)", a

(b) dileir y geiriau "in English".

(3) Ar ôl is-adran (1), dodir -

(5) A company whose memorandum states that its registered office is to be situated in Wales may deliver to the registrar a certified translation into Welsh of any document in English which relates to the company and which is or has been delivered to the registrar.

(6) The provisions within subsection (7) (which require certified translations into English of certain documents delivered to the registrar) shall not apply where a translation is required by subsection (2) or would be required but for subsection (3).

(7) The provisions within this subsection are section 228(2)(f), the second sentence of section 242(1), sections 243(4), 272(5) and 273(7) and paragraph 7(3) of Part II of Schedule 9.

(8) In this section "certified translation" means a translation certified in the prescribed manner to be a correct translation.".

31. In section 351 of the Companies Act 1985, subsections (3) and (4) (which require the status of a company whose name ends in "cwmni cyfyngedig cyhoeddus" or "cyfyngedig" to appear in English on certain documents) shall cease to have effect.

Publicity for limited liability status of Welsh companies.
1985 c. 6.

Charities

32.—(1) Section 5 of the Charities Act 1993 (which requires the status of a registered charity to appear in English on certain documents) shall be amended as follows.

Registered charities.
1993 c. 10.

(2) In subsection (2), the words "in English" shall be omitted.

(3) After subsection (2), there shall be inserted—

"(2A) The statement required by subsection (2) above shall be in English, except that, in the case of a document which is otherwise wholly in Welsh, the statement may be in Welsh if it consists of or includes the words "elusen cofrestredig" (the Welsh equivalent of "registered charity").".

(4) In subsection (4), for the words from "in which" to "stated as" there shall be substituted the words "which does not contain the statement".

(5) In subsection (5), for the words from "in which" to "stated as" there shall be substituted "which does not contain the statement".

33.—(1) Section 68 of the Charities Act 1993 (which requires the status of a charity that is a company to appear in English on certain documents) shall be amended as follows.

Statement of charitable status.

(2) In subsection (1)—

(a) after the words "the word "charitable"" there shall be inserted the words "then, subject to subsection (1A)", and

(b) the words "in English" shall be omitted.

(3) After subsection (1), there shall be inserted—

14 p.38 *Deddf yr Iaith Gymraeg 1993*

"(1A) Where a company's name includes the word "elusen" or the word "elusennol" (the Welsh equivalents of the words "charity" and "charitable"), subsection (1) above shall not apply in relation to any document which is wholly in Welsh.

(1B) The statement required by subsection (1) above shall be in English, except that, in the case of a document which is otherwise wholly in Welsh, the statement may be in Welsh if it consists of or includes the word "elusen" or the word "elusennol".".

Atodol

Hysbysiadau.

34. - (1) Gellir anfon unrhyw hysbysiad neu ddogfen arall y gofynnwyd neu yr awdurdodwyd iddynt gael eu rhoi neu eu hanfon i'r Bwrdd neu i gorff cyhoeddus o dan Ran II o'r Ddeddf hon drwy'r post i brif swyddfa'r Bwrdd neu i brif swyddfa'r corff cyhoeddus.

(2) Gellir anfon unrhyw hysbysiad y gofynnwyd neu yr awdurdodwyd iddo gael ei roi i aelod o'r Bwrdd o dan Atodlen 1 y Ddeddf hon drwy'r post i gyfeiriad hysbys diwethaf yr aelod.

(3) Ni chymerir bod yr adran hon yn hepgor unrhyw ddull o roi neu o anfon hysbysiad neu ddogfen arall na ddarperir yn benoJol ar ei gyfer gan yr adran hon.

Diddymiadau a diwygiadau ôl-ddilynol.

35. - (1) Mae'r deddfiadau y cyfeirir atynt yn Atodlen 2 y Ddeddf hon (gan gynnwys deddfiadau darfodedig) drwy hyn wedi'u diddymu i'r graddau a bennir yn nhrydedd golofn yr Atodlen honno.

O.S. 1992/1083

(2) Drwy hyn diddymir Rheoliadau Deddf Cwmnïau 1985 (Cyfrifon Cymraeg) 1992.

1978 p.10.
1967 p.66.

(3) Yn Atodlen 1 Deddf Etholiadau Senedd Ewrop 1978, ym mharagraff 2(5) (cymhwyso adran 2(1) Deddf yr Iaith Gymraeg 1967 at reoliadau o dan yr Atodlen honno) -

(a) yn lle "2(1)" dodir "26";

(b) yn lle "1967" dodir "1993"; ac

(c) yn lle "enactments" dodir "Acts of Parliament".

(4) Yn yr Atodiad o ffurflenni yn Atodlen 1 Deddf Cynrychiolaeth y Bobl 1983, ym mharagraff 2(a) o'r cyfarwyddiadau ynglŷn ag argraffu papurau pleidleisio, yn lle'r geiriau o "except" hyd at "and the" dodir y geiriau "except the direction to vote for one candidate only and the".

1985 p.50.

(5) Yn lle adran 22 Deddf Cynrychiolaeth y Bobl 1985 (pŵer i bennu fersiwn Gymraeg o ffurflenni a bennir mewn rhai rheolau a rheoliadau) dodir -

"Welsh forms.
1993 p.0.

22. Section 26 of the Welsh Language Act 1993 (power to prescribe Welsh forms of documents or words specified in Acts), except subsection (3), shall apply in relation to regulations made under the principal Act or this Act and rules made (or having effect as if made) under section 36 of the principal Act as it s in relation to Acts of Parliament."

PART III

"(1A) Where a company's name includes the word "elusen" or the word "elusennol" (the Welsh equivalents of the words "charity" and "charitable"), subsection (1) above shall not apply in relation to any document which is wholly in Welsh.

(1B) The statement required by subsection (1) above shall be in English, except that, in the case of a document which is otherwise wholly in Welsh, the statement may be in Welsh if it consists of or includes the word "elusen" or the word "elusennol".".

Supplementary

Notices.

34.—(1) Any notice or other document required or authorised to be given or sent to the Board or to a public body under Part II of this Act may be sent by post to the principal office of the Board or of that public body.

(2) Any notice required or authorised to be given to a member of the Board under Schedule 1 to this Act may be sent by post to the last known address of the member.

(3) This section shall not be taken to exclude any method of giving or sending a notice or other document not expressly provided for by this section.

Repeals and consequential amendments.

35.—(1) The enactments mentioned in Schedule 2 to this Act (which include spent enactments) are hereby repealed to the extent specified in the third column of that Schedule.

S.I. 1992/1083

(2) The Companies Act 1985 (Welsh Language Accounts) Regulations 1992 are hereby revoked.

1978 c. 10.
1967 c. 66.

(3) In Schedule 1 to the European Parliamentary Elections Act 1978, in paragraph 2(5) (application of section 2(1) of the Welsh Language Act 1967 to regulations under that Schedule)—

    (a) for "2(1)" there shall be substituted " 26";

    (b) for "1967" there shall be substituted "1993"; and

    (c) for "enactments" there shall be substituted "Acts of Parliament".

1983 c. 2.

(4) In the Appendix of forms in Schedule 1 to the Representation of the People Act 1983, in paragraph 2(a) of the directions as to printing the ballot paper, for the words from "except" to "and the" there shall be substituted the words "except the direction to vote for one candidate only and the".

1985 c. 50.

(5) For section 22 of the Representation of the People Act 1985 (power to prescribe Welsh version of forms specified in certain rules and regulations) there shall be substituted—

1993 c. 38.

"Welsh forms.   22. Section 26 of the Welsh Language Act 1993 (power to prescribe Welsh forms of documents or words specified in Acts), except subsection (3), shall apply in relation to regulations made under the principal Act or this Act and rules made (or having effect as if made) under section 36 of the principal Act as it applies in relation to Acts of Parliament."

105

36. - (1) Yn ddarostyngedig i is-adran (2) isod daw'r Ddeddf hon i rym ar ddiwedd y cyfnod o ddau fis sy'n dechrau ar y diwrnod pryd y caiff ei phasio.

RHAN III

Cychwyn.

(2) Daw adrannau 30, 31 a 35(2), a'r diddymiadau a wneir gan y Ddeddf hon yn Neddf Cwmnïau 1985, i rym ar y cyfryw ddyddiad ag a bennir gan yr Ysgrifennydd Gwladol drwy orchymyn a wneir drwy offeryn statudol; a gellir pennu dyddiadau gwahanol at ddibenion gwahanol.

(3) Gall gorchymyn o dan is-adran (2) uchod gynnwys y cyfryw ddarpariaethau dros dro ag a ymddengys yn angenrheidiol neu'n hwylus i'r Ysgrifennydd Gwladol.

37. Enw'r Ddeddf hon fydd Deddf yr Iaith Gymraeg 1993.

Teitl byr.

36.—(1) Subject to subsection (2) below, this Act shall come into force at the end of the period of two months beginning with the day on which it is passed.

PART III
Commencement.

(2) Sections 30, 31 and 35(2), and the repeals made by this Act in the Companies Act 1985, shall come into force on such day as the Secretary of State may appoint by order made by statutory instrument; and different days may be appointed for different purposes.

1985 c. 6.

(3) An order under subsection (2) above may include such transitional provisions as appear to the Secretary of State to be necessary or expedient.

37. This Act may be cited as the Welsh Language Act 1993.

Short title.

16   p.38   *Deddf yr Iaith Gymraeg 1993*

A T O D L E N N I

Adran 4

ATODLEN 1

Y BWRDD

Aelodau

1. Bydd yr Ysgrifennydd Gwladol yn penodi un o aelodau'r Bwrdd yn gadeirydd y Bwrdd.

2. - (1) Yn ddarostyngedig i'r darpariaethau canlynol, bydd aelod o'r Bwrdd, a'r cadeirydd, yn dal eu swydd ac yn ymadael â'u swydd yn unol â thelerau eu penodiad.

(2) Caiff person ymddiswyddo o'i swydd fel aelod neu gadeirydd y Bwrdd ar unrhyw adeg drwy hysbysiad ysgrifenedig wedi'i gyfeirio at yr Ysgrifennydd Gwladol.

(3) Caiff yr Ysgrifennydd Gwladol ddiswyddo aelod drwy hysbysiad ysgrifenedig -

    (a) os bu'r aelod yn absennol o gyfarfodydd y Bwrdd am gyfnod o dri mis o'r bron heb ganiatâd y Bwrdd, neu

    (b) os gwnaed gorchymyn methdaliad yn erbyn yr aelod, neu os atafaelwyd ei ystad, neu os gwnaeth gyfansoddiad neu drefniant gyda'i gredydwyr neu os rhoes weithred ymddiried iddynt, neu

    (c) os yw'r Ysgrifennydd Gwladol yn fodlon bod yr aelod yn anabl neu'n anaddas i gyflawni ei swyddogaethau fel aelod.

(4) Os bydd y cadeirydd yn peidio â bod yn aelod o'r Bwrdd bydd hefyd yn peidio â bod yn gadeirydd.

Talu aelodau

3. - (1) Bydd y Bwrdd yn talu i'w aelodau y cyfryw dâl a lwfansau ag a bennir gan yr Ysgrifennydd Gwladol.

(2) Caiff y Bwrdd wneud y cyfryw daliadau tuag at ddarparu pensiynau i'w aelodau neu mewn perthynas â'i aelodau ag a bennir gan yr Ysgrifennydd Gwladol.

(3) Os penderfyna'r Ysgrifennydd Gwladol fod amgylchiadau arbennig sy'n ei gwneud yn gywir i berson sy'n peidio â dal swydd fel aelod o'r Bwrdd gael iawndal, caiff gyfarwyddo i'r Bwrdd wneud taliad i'r person hwnnw o'r cyfryw swm ag a bennir gan yr Ysgrifennydd Gwladol.

(4) Ni fydd yr Ysgrifennydd Gwladol yn gwneud unrhyw benderfyniad o dan y paragraff hwn heb gymeradwyaeth y Trysorlys.

Datgymhwysiad Seneddol

1975 p.24.   4. Yn Rhan II Atodlen I Deddf Datgymhwyso Tŷ'r Cyffredin 1975 (cyrff y mae eu holl aelodau'n cael eu datgymhwyso) dodir y cofnod canlynol yn y man priodol -

    "Bwrdd yr Iaith Gymraeg (the Welsh Language Board)."

Comisiynydd Seneddol

1967 p.13.   5. Yn Atodlen 2 Deddf y Comisiynydd Seneddol 1967 (adrannau ac awdurdodau y gellir eu harchwilio) dodir y cofnod canlynol yn y man priodol -

    "Bwrdd yr Iaith Gymraeg (Welsh Language Board)."

16   c. 38   *Welsh Language Act 1993*

SCHEDULES

Section 4.

SCHEDULE 1

THE BOARD

Members

1. The Secretary of State shall appoint one of the members of the Board to be chairman of the Board.

2.—(1) Subject to the following provisions, a member of the Board, and the chairman, shall hold and vacate office in accordance with the terms of his appointment.

(2) A person may at any time resign his office as a member or as chairman of the Board by notice in writing addressed to the Secretary of State.

(3) The Secretary of State may remove a member from office by notice in writing if—

(a) the member has been absent from meetings of the Board for a period of three consecutive months without the Board's consent, or

(b) a bankruptcy order has been made against the member, or his estate has been sequestrated, or he has made a composition or arrangement with, or granted a trust deed for, his creditors, or

(c) the Secretary of State is satisfied that the member is unable or unfit to discharge his functions as a member.

(4) If the chairman ceases to be a member of the Board he shall also cease to be chairman.

Remuneration of members

3.—(1) The Board shall pay to its members such remuneration and allowances as the Secretary of State may determine.

(2) The Board may make such payments towards the provision of pensions to or in respect of its members as the Secretary of State may determine.

(3) If the Secretary of State determines that there are special circumstances which make it right that a person ceasing to hold office as a member of the Board should receive compensation, he may direct the Board to make to that person a payment of such amount as the Secretary of State may determine.

(4) The Secretary of State shall not make any determination under this paragraph without the approval of the Treasury.

Parliamentary disqualification

1975 c. 24.

4. In Part II of Schedule 1 to the House of Commons Disqualification Act 1975 (bodies of which all members are disqualified) the following entry shall be inserted at the appropriate place—

"Bwrdd yr Iaith Gymraeg (the Welsh Language Board)."

Parliamentary Commissioner

1967 c. 13.

5. In Schedule 2 to the Parliamentary Commissioner Act 1967 (departments and authorities subject to investigation) the following entry shall be inserted at the appropriate place—

"Bwrdd yr Iaith Gymraeg (Welsh Language Board)."

109

Gweithdrefn   Atod. I

6. - (1) Bydd cworwm y Bwrdd a'i weithdrefn yn gyfryw ag a bennir gan y Bwrdd.

(2) Nid effeithir ar ddilysrwydd unrhyw rai o drafodion y Bwrdd gan unrhyw ddiffyg ym mhenodiad unrhyw aelod neu ym mhenodiad y cadeirydd, neu gan unrhyw gyfnod pan fydd swydd y cadeirydd yn wag.

(3) Caiff yr Ysgrifennydd Gwladol neu berson a benodwyd ganddo fod yn bresennol yng nghyfarfodydd y Bwrdd.

Tystiolaeth

7. Caiff dogfen sy'n honni ei bod wedi'i gweithredu'n briodol o dan sêl y Bwrdd neu ei bod wedi'i llofnodi ar ran y Bwrdd ei derbyn fel tystiolaeth a chymerir ei bod wedi'i gweithredu neu wedi'i llofnodi felly oni phrofir i'r gwrthwyneb.

Staff

8. Wrth benderfynu -

    (a) ar nifer staff y Bwrdd,

    (b) ar y taliadau, y lwfansau a'r cildyrnau a delir i'r staff neu mewn perthynas â hwy, ac

    (c) ar delerau ac amodau gwaith eraill y staff, ni fydd y Bwrdd yn gweithredu ond gyda chymeradwyaeth yr Ysgrifennydd Gwladol o'i rhoi gyda chaniatâd y Trysorlys.

9. - (1) Cynhwysir cyflogaeth gan y Bwrdd ymhlith y mathau o gyflogaeth y gall cynllun o dan adran 1 Deddf Blwydd-dâl 1972 fod yn gymwys iddynt; ac, yn   1972 p. 11. unol â hyn, yn Atodlen 1 y Ddeddf honno (lle rhestrir y mathau hynny o gyflogaeth) ar ddiwedd y rhestr o "Other Bodies" dodir -

"Bwrdd yr Iaith Gymraeg (Welsh Language Board)."

(2) Bydd y Bwrdd yn talu i'r Trysorlys, ar y cyfryw adegau ag a gyfarwyddir gan y Trysorlys, y cyfryw symiau ag a bennir gan y Trysorlys mewn perthynas â'r cynnydd a briodolir i is-baragraff (1) uchod yn y symiau taladwy o arian a ddarperir gan y Senedd o dan y Ddeddf honno.

(3) Lle bydd person a gyflogir gan y Bwrdd -

    (a) drwy gyfeirio at y gyflogaeth honno, yn cymryd rhan mewn cynllun o dan adran 1 y Ddeddf honno, a

    (b) yn dod yn aelod o'r Bwrdd,

yna, gyda chymeradwyaeth yr Ysgrifennydd Gwladol o'i rhoi gyda chaniatâd y Trysorlys, caiff y Bwrdd benderfynu y caiff ei dymor yn ei swydd fel aelod ei drin at ddibenion y cynllun fel cyflogaeth gan y Bwrdd (p'un a oes unrhyw fudd-daliadau'n daladwy iddo neu mewn perthynas ag ef yn rhinwedd paragraff 3(2) uchod ai peidio).

Statws

10. Ni chymerir bod y Bwrdd yn was nac yn asiant i'r Goron nac yn mwynhau unrhyw statws, imwnedd neu fraint sydd gan y Goron; ac ni chymerir eiddo'r Bwrdd fel eiddo i'r Goron nac fel eiddo a ddelir ar ran y Goron.

Treuliau

11. Gellir talu treuliau'r Bwrdd, hyd at y cyfryw swm ag a gymeradwyir gan yr Ysgrifennyd Gwladol gyda chaniatâd y Trysorlys, gan yr Ysgrifennydd Gwladol.

Procedure

6.—(1) The quorum of the Board and its procedure shall be such as the Board may determine.

(2) The validity of any proceedings of the Board shall not be affected by any defect in the appointment of any member or of the chairman, or by any vacancy in the office of chairman.

(3) The Secretary of State or a person appointed by him may attend meetings of the Board.

Evidence

7. A document purporting to be duly executed under the seal of the Board or to be signed on the Board's behalf shall be received in evidence and shall be deemed to be so executed or signed unless the contrary is proved.

Staff

8. In determining—

(a) the number of the Board's staff,

(b) the remuneration, allowances and gratuities to be paid to or in respect of the staff, and

(c) the other terms and conditions of service of the staff,

the Board shall act only with the approval of the Secretary of State given with the consent of the Treasury.

9.—(1) Employment by the Board shall be included among the kinds of employment to which a scheme under section 1 of the Superannuation Act 1972 1972 c. 11. may apply; and, accordingly, in Schedule 1 to that Act (in which those kinds of employment are listed) at the end of the list of "Other Bodies" there shall be inserted—

"Bwrdd yr Iaith Gymraeg (Welsh Language Board)."

(2) The Board shall pay to the Treasury, at such times as the Treasury may direct, such sums as the Treasury may determine in respect of the increase attributable to sub-paragraph (1) above in the sums payable out of money provided by Parliament under that Act.

(3) Where a person employed by the Board—

(a) is, by reference to that employment, a participant in a scheme under section 1 of that Act, and

(b) becomes a member of the Board,

then, with the approval of the Secretary of State given with the consent of the Treasury, the Board may determine that his term of office as a member shall be treated for the purposes of the scheme as employment by the Board (whether or not any benefits are payable to or in respect of him by virtue of paragraph 3(2) above).

Status

10. The Board shall not be regarded as the servant or agent of the Crown or as enjoying any status, immunity or privilege of the Crown; and the Board's property shall not be regarded as property of, or held on behalf of, the Crown.

Expenses

11. The expenses of the Board, up to such amount as may be approved by the Secretary of State with the consent of the Treasury, may be defrayed by the Secretary of State.

ATOD. I

Cyfrifon

12 - (1) Bydd y Bwrdd yn cadw cyfrifon priodol, a bydd yn paratoi datganiad o'r cyfrifon mewn perthynas â phob blwyddyn gyfrifo.

(2) Bydd y datganiad o'r cyfrifon yn cynnwys y gyfryw wybodaeth a bydd yn y gyfryw ffurf ag y bydd yr Ysgrifennydd Gwladol, gyda chymeradwyaeth y Trysorlys, yn ei chyfarwyddo.

(3) Bydd y Bwrdd yn anfon copïau o'r datganiad o'r cyfrifon at yr Ysgrifennydd Gwladol ac at y Rheolwr a'r Archwiliwr Cyffredinol erbyn 31 Awst yn dilyn diwedd y flwyddyn gyfrifo y mae'r datganiad yn ymwneud â hi.

(4) Bydd y Rheolwr a'r Archwiliwr Cyffredinol yn archwilio, ardystio a chyflwyno adroddiad ar y datganiad o'r cyfrifon a bydd yn cyflwyno copïau o'r datganiad ac o'i adroddiad gerbron dau Dŷ'r Sennedd.

(5) Y cyfnod o ddeuddeng mis yn diweddu ar 31 Mawrth fydd blwyddyn gyfrifo'r Bwrdd, ac eithrio mai'r cyfnod yn dechrau ar y diwrnod pryd y sefydlir y Bwrdd ac yn diweddu gyda'r ail 31 Mawrth yn dilyn y dyddiad hwnnw fydd y flwyddyn gyfrifo gyntaf.

Adroddiadau blynyddol

13 - (1) Cyn gynted â phosibl ar ôl diwedd pob blwyddyn gyfrifo, bydd y Bwrdd yn cyflwyno i'r Ysgrifennydd Gwladol adroddiad ar gyflawni ei swyddogaethau yn ystod y flwyddyn honno.

(2) Bydd yr Ysgrifennydd Gwladol yn cyflwyno copi o adroddiad blynyddol y Bwrdd gerbron dau Dŷ'r Sennedd.

Adran 35.

ATODLEN 2

DIDDYMIADAU

Pennod	Teitl Byr	Graddau'r Diddymiad
27 Hen. 8. p.26.	Deddf y Cyfreithiau yng Nghymru 1535.	Y Ddeddf gyfan, cyn belled ag y mae heb ei diddymu.
34 & 35 Hen. 8. p.26.	Deddf y Cyfreithiau yng Nghymru 1542.	Y Ddeddf gyfan, cyn belled ag y mae heb ei diddymu ac eithrio adran 47.
9 & 10 Geo. 5. p.21.	Deddf y Weinyddiaeth Iechyd 1919.	Adran 11(3).
5 & 6 Geo. 6. p.40.	Deddf Llysoedd Cymru 1942.	Y Ddeddf gyfan, cyn belled ag y mae heb ei diddymu.
1967 p.66.	Deddf yr Iaith Gymraeg 1967.	Y Ddeddf gyfan, cyn belled ag y mae heb ei diddymu.
1977 p.38.	Deddf Gweinyddu Cyfiawnder 1977.	Yn Atodlen 2, paragraff 2.
1985 p.6.	Deddf Cwmnïau 1985.	Adran 21. Yn adran 242(1) a 243(4) y geiriau "Subject to section 255E (delivery of accounting documents in Welsh only),". Section 255E.

SCH. 1

Accounts

12.—(1) The Board shall keep proper accounts, and shall prepare a statement of accounts in respect of each accounting year.

(2) The statement of accounts shall contain such information and shall be in such form as the Secretary of State may, with the approval of the Treasury, direct.

(3) The Board shall send copies of the statement of accounts to the Secretary of State and to the Comptroller and Auditor General not later than the 31st August following the end of the accounting year to which the statement relates.

(4) The Comptroller and Auditor General shall examine, certify and report on the statement of accounts and shall lay copies of the statement and of his report before each House of Parliament.

(5) The Board's accounting year shall be the period of twelve months ending with 31st March, except that the first accounting year shall be the period beginning with the day on which the Board is established and ending with the second 31st March following that date.

Annual reports

13.—(1) As soon as possible after the end of each accounting year, the Board shall submit to the Secretary of State a report on the discharge of its functions during that year.

(2) The Secretary of State shall lay a copy of the Board's annual report before each House of Parliament.

Section 35.

SCHEDULE 2

REPEALS

Chapter	Short title	Extent of repeal
27 Hen. 8. c. 26.	The Laws in Wales Act 1535.	The whole Act, so far as unrepealed.
34 & 35 Hen. 8. c. 26.	The Laws in Wales Act 1542.	The whole Act, so far as unrepealed, except section 47.
9 & 10 Geo. 5. c. 21.	The Ministry of Health Act 1919.	Section 11(3).
5 & 6 Geo. 6. c. 40.	The Welsh Courts Act 1942.	The whole Act, so far as unrepealed.
1967 c. 66.	The Welsh Language Act 1967.	The whole Act, so far as unrepealed.
1977 c. 38.	The Administration of Justice Act 1977.	In Schedule 2, paragraph 2.
1985 c. 6.	The Companies Act 1985.	Section 21. In section 242(1) and 243(4) the words "Subject to section 255E (delivery of accounting documents in Welsh only),". Section 255E.

ATODIAD 2

Deddf yr Iaith Gymraeg 1993   p.38   19

Atod. 2

Pennod	Teitl Byr	Graddau'r Diddymiad
		Adrann 351(3) a (4).
		Yn adran 351(5), paragraff (c) a'r gair "and" yn union o'i flaen.
		Yn Atodlen 9, ym mharagraff 7(3) Rhan II, y geiriau "Subject to section 255E (delivery of accounting documents in Welsh only),".
1985 p.10.	Deddf Cynrychiolaeth y Bobl 1985.	Yn Atodlen 4, paragraff 85(a).
1993 p.10.	Deddf Elusennau 1993.	Yn adrannau 5(2) a 68(1), y geirau "in English".

Chapter	Short title	Extent of repeal
		Section 351(3) and (4).
		In section 351(5), paragraph (c) and the word "and" immediately preceding it.
		In Schedule 9, in paragraph 7(3) of Part II, the words "Subject to section 255E (delivery of accounting documents in Welsh only),".
1985 c. 50.	The Representation of the People Act 1985.	In Schedule 4, paragraph 85(a).
1993 c. 10.	The Charities Act 1993.	In sections 5(2) and 68(1), the words "in English".

CANLLAWIAU BWRDD YR IAITH GYMRAEG, 1995

GUIDELINES OF THE WELSH LANGUAGE BOARD, 1995

This is a Welsh translation of the draft guidelines of the Welsh Language Board laid before Parliament under section 10(4) of the Welsh Language Act 1993 on 9 June 1995.

Cyfieithiad Cymraeg yw hwn o ganllawiau drafft Bwrdd yr Iaith Gymraeg a gyflwynwyd gerbron y Senedd o dan adran 10(4) Deddf yr Iaith Gymraeg 1993 ar 9 Mehefin 1995.

DEDDF YR IAITH GYMRAEG 1993

CANLLAWIAU DRAFFT YNGHYLCH FFURF A CHYNNWYS CYNLLUNIAU

Canllawiau drafft Bwrdd yr Iaith Gymraeg a gyflwynwyd gerbron y Senedd o dan adran 10(4) Deddf yr Iaith Gymraeg 1993 ar 9 Mehefin 1995; y drafft i orwedd am ddeugain niwrnod yn unol ag adran 10(5) a (6) Deddf yr Iaith Gymraeg 1993, ac yn ystod y cyfnod hwnnw caiff y naill Dy Seneddol neu'r llall benderfynu bod y canllawiau drafft i gael eu tynnu'n ôl. Mae'r canllawiau drafft hyn wedi'u cymeradwyo gan Ysgrifennydd Gwladol Cymru heb eu diwygio, o dan adran 10(3) Deddf yr Iaith Gymraeg 1993.

Mehefin 1995

WELSH LANGUAGE ACT 1993

DRAFT GUIDELINES AS TO THE FORM AND CONTENT OF SCHEMES

Draft guidelines of the Welsh Language Board laid before Parliament under section 10(4) of the Welsh Language Act 1993 on 9 June 1995; draft to lie for forty days, pursuant to section 10(5) and 6 of the Welsh Language Act 1993, during which period either House of Parliament may resolve that the draft guidelines be withdrawn. These draft guidelines have been approved by the Secretary of State for Wales unamended, under section 10(3) of the Welsh Language Act 1993.

June 1995

CANLLAWIAU DRAFFT YNGHYLCH FFURF A CHYNNWYS CYNLLUNIAU

Yn amodol ar gymeradwyaeth yr Ysgrifennydd Gwladol a'r broses Seneddol, mae Bwrdd yr Iaith Gymraeg yn bwriadu cyhoeddi'r canllawiau hyn o dan adran 9 Deddf yr Iaith Gymraeg 1993 ("y Ddeddf").

Yn yr hyn sy'n dilyn ystyr "sefydliad" yw corff cyhoeddus sy'n paratoi cynllun o dan Ran II y Ddeddf neu berson yn gweithredu fel gwas neu asiant y Goron sy'n paratoi cynllun iaith Gymraeg, ac ystyr "cynllun" yw cynllun a baratowyd gan gorff cyhoeddus o dan Ran II y Ddeddf neu gynllun iaith Gymraeg a baratowyd gan berson yn gweithredu fel gwas neu asiant y Goron. Bydd sefydliad sy'n paratoi cynllun yn rhoi sylw i'r canllawiau canlynol ynghylch ffurf a chynnwys cynlluniau:

CANLLAW YNGHYLCH FFURF CYNLLUNIAU

1.   Dylid cyflwyno'r cynllun yn Gymraeg ac yn Saesneg ac ar ffurf sy'n addas i'w chyoeddi i aelodau'r cyhoedd y mae'r sefydliad yn delio â hwy.

CANLLAWIAU YNGHYLCH CYNNWYS CYNLLUNIAU

CYFFREDINOL

2.   Dylai'r cynllun bennu'r mesurau y bwriada'r sefydliad eu cymryd er mwyn gweithredu'r egwyddor o gydraddoldeb a osodir yn adran 5 y Ddeddf, a'r ffordd y bwriada'r sefydliad weithredu pob mesur.

CYNLLUNIO A CHYFLWYNO GWASANAETH

3.   Dylai'r cynllun bennu'r mesurau y bwriada'r sefydliad eu cymryd pan mae'n asesu effaith polisïau a mentrau newydd ac yn eu gweithredu.

4.   Dylai'r cynllun bennu pa gamau fydd y sefydliad yn eu cymryd i gyflwyno gwasanaethau drwy gyfrwng y Gymraeg.

5.   Dylai'r cynllun bennu pa safonau ansawdd y dylid eu cyrraedd wrth gyflwyno gwasanaethau yn Gymraeg, gan gynnwys talu sylw i egwyddorion Siarter y Dinesydd a gyflwynwyd i'r Senedd ar 22 Gorffennaf 1991.

DELIO Â'R CYHOEDD SY'N SIARAD CYMRAEG

6.   Dylai'r cynllun bennu pa fesurau sydd i'w cymryd er mwyn gweithredu'r egwyddor o gydraddoldeb a osodir yn y Ddeddf o safbwynt:

  (i) gohebu â'r cyhoedd;

  (ii) cyfathrebu dros y ffôn gyda'r cyhoedd;

  (iii) cyfarfodydd cyhoeddus (gan gynnwys gwrandawiadau, ymholiadau ac achosion cyfreithiol eraill);

  (iv) cyfarfodydd eraill gyda'r cyhoedd;

  (v) delio â'r cyhoedd mewn ffyrdd eraill.

DRAFT GUIDELINES AS TO THE FORM AND CONTENT OF SCHEMES

Subject to the approval of the Secretary of State and Parliamentary process, the Welsh Language Board proposes to issue these guidelines under section 9 of the Welsh Language Act 1993 ("the Act").

In what follows "organisation" means a public body preparing a scheme under Part II of the Act or a person acting as the servant or agent of the Crown preparing a Welsh language scheme, and "scheme" means a scheme prepared by a public body under Part II of the Act or a Welsh language scheme prepared by a person acting as the servant or agent of the Crown. An organisation preparing a scheme shall have regard to the following guidelines as to the form and content of schemes:

GUIDELINE AS TO THE FORM OF SCHEMES

1.   The scheme should be presented in Welsh and in English and in a form which is suitable for publication to the members of the public with whom the organisation has dealings.

GUIDELINES AS TO THE CONTENT OF SCHEMES

GENERAL

2.   The scheme should specify the measures an organisation proposes to take in order to give effect to the principle of equality set out in section 5 of the Act, and how the organisation proposes to implement each measure.

SERVICE PLANNING AND DELIVERY

3.   The scheme should specify the measures an organisation proposes to take when assessing the impact of new policies and initiatives and when implementing them.

4.   The scheme should specify what steps the organisation will take to deliver services through the medium of Welsh.

5.   The scheme should specify what standards of quality are to be achieved in the delivery of services in Welsh, including having regard to the principles of the Citizen's Charter presented to Parliament on 22 July 1991.

DEALING WITH THE WELSH SPEAKING PUBLIC

6.   The scheme should specify the measures to be taken in order to give effect to the principle of equality set out in the Act in relation to:

   (i)   corresponding with the public;

   (ii)   telephone communication with the public;

   (iii) public meetings (including hearings, inquiries and other legal proceedings);

   (iv)   other meetings with the public;

   (v)   other dealings with the public.

WYNEB CYHOEDDUS Y SEFYDLIAD

7. Dylai'r cynllun bennu'r mesurau sydd i'w cymryd er mwyn gweithredu'r egwyddor o gydraddoldeb a osodir yn y Ddeddf o safbwynt:

    (i) hunaniaeth gorfforaethol y sefydliad yng Nghymru;

    (ii) arwyddion gwybodaeth o fewn ffiniau eiddo yng Nghymru y mae sefydliad yn berchen neu'n ddeiliad arno, gan gynnwys mannau mewnol lle mae'r cyhoedd yn cael mynediad iddynt;

    (iii) arwyddion gwybodaeth gyhoeddus eraill a leolir yng Nghymru, ac y mae sefydliad yn gyfrifol amdanynt;

    (iv) cyhoeddi a phrintio deunydd sydd wedi ei gyfeirio at y cyhoedd yng Nghymru;

    (v) pob ffurflen a deunydd esboniadol cysylltiedig i'w defnyddio gan y cyhoedd yng Nghymru;

    (vi) hysbysiadau i'r wasg i'w dosbarthu yng Nghymru;

    (vii) deunydd cyhoeddusrwydd i'w ddosbarthu yng Nghymru;

    (viii) ymgyrchoedd hysbysebu a deunyddiau arddangos wedi eu cyfeirio at y cyhoedd yng Nghymru;

    (ix) deunydd a ddefnyddir ar gyfer ymgyrchoedd marchnata uniongyrchol yng Nghymru;

    (x) dulliau ymateb sy'n gysylltiedig â gweithgareddau cyhoeddusrwydd yng Nghymru;

    (xi) hysbysiadau swyddogol, hysbysiadau cyhoeddus a hysbysebu recriwtio staff yng Nghymru.

GWEITHREDU AC AROLYGU'R CYNLLUN

8. Dylai'r cynllun bennu:

    (i) mesurau i sicrhau fod gweithleoedd sydd â chyswllt â'r cyhoedd yng Nghymru yn ceisio cael digon o siaradwyr Cymraeg sydd â'r sgiliau priodol er mwyn galluogi'r gweithleoedd hynny i gyflwyno gwasanaeth cyflawn drwy gyfrwng y Gymraeg;

    (ii) mesurau i glustnodi'r swyddi hynny lle ystyrir bod y gallu i siarad Cymraeg yn hanfodol a'r rhai lle ystyrir ei fod yn ddymunol er mwyn darparu gwasanaeth cyflawn drwy gyfrwng y Gymraeg;

    (iii) mesurau i asesu'r angen am hyfforddiant galwedigaethol penodol drwy gyfrwng y Gymraeg a mesurau ar gyfer diwallu'r angen hwnnw;

    (iv) y trefniadau gweinyddol y bydd y sefydliad yn eu gwneud i hwyluso'i gynllun;

    (v) y camau sydd i'w cymryd er mwyn sicrhau y bydd unrhyw gytundeb neu drefniant sy'n ymwneud â darparu gwasanaethau i'r cyhoedd yng Nghymru a wneir gyda thrydydd parti yn gyson â thelerau'r cynllun. Mae hyn yn cynnwys (heb gyfyngiad) gwasanaethau sy'n cael eu contractio allan;

    (vi) y camau sydd i'w cymryd i arolygu gweithredu'r cynllun;

    (vii) targedau y gellir mesur gweithredu'r cynllun yn eu herbyn;

    (viii) y camau sydd i'w cymryd i gyhoeddi gwybodaeth sy'n cymharu perfformiad y sefydliad â'r safonau a nodir yn y cynllun.

THE ORGANISATION'S PUBLIC FACE

7.   The scheme should specify the measures to be taken in order to give effect to
     the principle of equality set out in the Act in relation to:

     (i)   the corporate identity of the organisation in Wales;

     (ii)   information signs within the curtilage of property in Wales owned or
            occupied by the organisation, including internal areas to which the
            public has access;

     (iii) other public information signs located in Wales, and for which an
            organisation is responsible;

     (iv)   publishing material directed at the public in Wales;

     (v)   all forms and associated explanatory material for use by the public in
            Wales;

     (vi)   press notices for distribution in Wales;

     (vii) publicity material for distribution in Wales;

     (viii) advertising campaigns and exhibition material directed at the public
            in Wales;

     (ix)   material used for direct marketing campaigns in Wales;

     (x)   response mechanisms linked to publicity activities in Wales;

     (xi)   official notices, public notices and staff recruitment advertising in
            Wales.

IMPLEMENTING AND MONITORING THE SCHEME

8.   The scheme should specify:

     (i)   measures to ensure that workplaces which have contact with the
            public in Wales seek access to sufficient and appropriately skilled
            Welsh speakers to enable those workplaces to deliver a full service
            through the medium of Welsh;

     (ii)   measures to identify those staff posts where the ability to speak Welsh
            is considered to be essential and those where it is considered to be
            desirable in order to deliver a full service through the medium of
            Welsh;

     (iii) measures to assess the need for specific vocational training through
            the medium of Welsh and measures for meeting that need;

     (iv)   the administrative arrangements the organisation will make to
            facilitate its scheme;

     (v)   the steps to be taken to ensure that any agreements or arrangements
            made with third parties which relate to the provision of services to the
            public in Wales are consistent with the terms of the scheme. This
            includes (without limitation) services which are contracted out;

     (vi)   the steps to be taken to monitor implementation of the scheme;

     (vii) targets against which implementation of the scheme can be measured;

     (viii) steps to be taken to publish information comparing the organisation's
            performance with the standards set out in the scheme.